JN089393

軍記で読み解く日本史

石山合戦を読み直す

塩谷菊美

法藏館

石山合戦を読み直す——軍記で読み解く日本史　目次

はじめに――「石山」呼称問題……11
「石山本願寺」は存在しなかった　11
「特別な一揆」と「特別な言葉」　15

第一章　軍記の治者目線……21
『朝倉始末記』――坊主の数珠つなぎ　21
『織田軍記』――なぶり殺し、むしりちらす　24
星野恒の論文――英雄に抗した者の必然　27
『絵本拾遺信長記』――一揆の立場で語り直す　29
歴史を語るということ　32
「石山合戦」の概要　35
一揆といえば百姓、百姓といえば丸腰　38

第二章　同時代の軍記に描かれた「本願寺」と「一揆」（1550～1600年ごろ）……43
『細川両家記』――一揆といえば本願寺門徒　43
『越州軍記』――一揆は蜘蛛や蚯蚓　47
強欲さと阿弥陀信仰　51

『信長公記』――竹槍集団の恐怖　53
「新門跡大坂退出の次第」――「水上の御堂」の繁栄　55
本願寺の阿弥陀を信じる百姓が自らの判断で蜂起する　60
御文の教え　62

第三章　『甫庵信長記』と元和・寛永期の軍記（1610～1660年ごろ）……66

『甫庵信長記』――創業から守成へ　66
一揆征伐は万民のため　68
『三河物語』――家康と一揆の死闘　70
『勢州軍記』――悪逆の男女　73
『新撰信長記』――「かんじき」を履く一揆　74
一揆は謀叛　79

第四章　寛文・延宝期の読み物的軍記（1660～1690年ごろ）……82

『足利季世記』――「一向一揆」の完敗　82
『後太平記』――本願寺門徒は白犬だ　86
無知文盲の「門跡一揆」　89
善知識信仰　91

本願寺安置の親鸞像　94
生き如来への狂信　96
『本朝通鑑』と『武徳大成記』――林家編纂書　97
本音は秘本にしか書けない　100
「一向宗」の定着　103
「一向宗」と「真宗」「浄土真宗」　105

第五章　元禄期の軍記と宗門書の交錯（1690〜1720年ごろ）……109
『本願寺表裏問答』――東西両本願寺の末寺獲得競争　109
論旨よりエピソード　112
『叢林集』――信心内心の教え　115
『明智軍記』と『織田軍記』――軍記は本願寺嫌い　118
『北陸七国志』――民は黙って従うべし　121
『陰徳太平記』――石山合戦譚の種本　124
「石山」呼称の採用　127
「たかが一揆」には違いない　129

第六章　法座の文芸（1710〜1770年ごろ）……133

唱導台本『石山軍記』——石山合戦譚の誕生　133
奪おうとする者から守り抜く戦い　135
『石山軍鑑』——出版統制に写本で対応する　138
一話読み切りから長編へ　141
陰の主人公、秀吉　142
本願寺はどうしても憎まれる　144
「諸国の一揆」への否定的視線　147
本願寺護持のための一揆　151

第七章　「庶民の石山」の系譜（１７７０〜１８８０年ごろ）……155

『信長記拾遺』——本願寺の規制と仏書屋の冒険　155
『帰命曲輪文章』——大坂での歌舞伎上演　157
太閤記物と石山軍記物　160
劇化される絵本読本　161
『絵本太閤記』と『絵本拾遺信長記』——江戸後期の発禁本たち　163
中央と地方の連携　168
秀吉が本願寺を軍事利用する　170
「一揆」と「衆議」　173

東本願寺寛政度造営　175
加賀の奉納絵馬――一揆の地で花開く禁書　179

第八章　明治十年代の爆発的流行（1870〜1900年ごろ）……184

『御文章石山軍記』――歌舞伎が一揆を讃える　184
浄瑠璃・パノラマ――本山を守る門徒群像　187
『絵本石山軍記』――金属活字の威力　188
法座の語りと講談　194
芸能が書物の読み方を規定する　198

第九章　「知識人の大坂」（1780〜1850年ごろ）……200

聖典『五帖御文』――宗門内知識人の石山合戦・一向一揆像　200
『大谷本願寺通紀』――「軍記の武士目線」の指摘　201
本願寺は石山にあった　204
唱導台本の隠れた影響　205
『常山紀談』――キリシタンと一向門徒　208
『日本外史』――日本の「賊」は本願寺　209
『改正三河後風土記』と『徳川実紀』――幕府の史書と三河一揆　212

治者の目というもの　215
「石山」と「一向一揆」　216

第十章　近代の知識人たち（1880〜1910年ごろ）……219

学問の基礎は軍記　219
「一向一揆」の定着　221
東京の仏教学　222
村上専精『日本仏教史綱』――国家の発展への寄与を語る　223
小中学校の教科書――一揆は「わがまま」　226
中村徳五郎『戦国時代本願寺』――一揆逆賊観　230
殖産興業と一向一揆　231

第十一章　「石山合戦」の「常識」化（1910〜1920年ごろ）……236

絵画・口語りから文字へ　236
『本願寺誌要』――真宗史のはじまり　237
村上専精『真宗全史』――法難と勢力伸長の関係　238
「石山本願寺」と「石山合戦」　240
徳富蘇峰『近世日本国民史』――教権が俗権にひざまづく　243

第十二章　「石山合戦」という術語……248
特別な一揆、特別な合戦　248
軍記の特別視　250
誤読は誤った読み方か　253
芸能の地名、教科書の地名　256
使用テキスト・参考文献……260
あとがき……267

※本書では読みやすさに配慮して常用漢字を用いた（固有名詞も同様）。中近世の文献から原文を引用する際は、句読点・濁点を補い、現代仮名遣いに改め、難読の文字に振仮名を付した。漢文や漢字片仮名交じり文は漢字平仮名交じり文に改めた。

石山合戦を読み直す——軍記で読み解く日本史

はじめに――「石山」呼称問題

「石山本願寺」は存在しなかった

信長の最大の敵は石山（大坂）の本願寺を頂点にし、全国各地の浄土真宗寺院や寺内町を拠点にして信長の支配に反抗した一向一揆であった。信長は一五七四（天正二）年に伊勢長島の一向一揆を滅ぼしたのに続いて、翌年には越前の一向一揆を平定し、一五八一（天正八）年、ついに石山本願寺を屈服させた。

高校の日本史教科書の中でも特に多くの学校で用いられている、山川出版社『詳説日本史B』（二〇一八年版）の記述である。

名だたる武将たちが次々に信長に膝を屈していくなかで、「石山本願寺」をいただく「一向一揆」が十年間も信長の「支配」に「反抗」し続ける。有名人が有名の度を競い合うような歴史教科書で、無名人の集団が一方の主人公となる希有な一場面である。

だが、「一向一揆」や「石山本願寺」という語句は、戦国時代には存在していないことが明らかになっている。二〇二〇年の大河ドラマ「麒麟がくる」でも「大坂本願寺」とされ、「石山本願寺」とは呼ばれなかった。

まず、「一向一揆」の語は、明治半ばに東京帝国大学文科大学（現東京大学）の学者たちが使い始めてから広まったのであって、戦国時代はおろか江戸時代にもごくわずかな用例しか見出せない。史料上では単に「一揆」か、江戸時代には「一向の乱」「一向の一揆」「一向宗の一揆」などとされている。

本願寺門徒の一揆であってもなくても、一揆は一般に「紀州の一揆」「土民の一揆」など、「どこそこの一揆」や「だれそれの一揆」の形で呼ばれてきた。「一向の一揆」であれば、そうした多様な一揆の中の一というだけだが、「一向一揆」と一語に熟すると、一揆一般と異なる特別な一揆という感じが強まる。

戦国時代や江戸時代には、本願寺門徒の一揆を指す特別な語が存在しなかった。これはすなわち、そういう認識が存在しなかったということだ、本願寺門徒の一揆も明治半ば以前はただの一揆で、特別な何かではなかったという見方が出てくることになる。

次に「石山」については、「大坂」にあった本願寺の焼失後、跡地に建てられた豊臣秀吉の城に「石山」の異名があったことがわかっている。仙台城が青葉（あおば）城、姫路城が白鷺（しらさぎ）城と呼ばれたように、前代未聞の壮大な石垣で囲まれた豊臣大坂城は石山城と呼ばれたのだが（図1）、この城も慶長二〇年（一六一五）の大坂夏の陣で焼け落ち、徳川家康はその上に盛り土をして新たな城を築いた。現在の大坂城はこの徳川大坂城の遺構である。

図1　大坂城地下石垣（写真提供：大阪市文化財協会）

　江戸時代に「石山」はかつての本願寺の所在地として用いられるようになった。本願寺のあった場所が「石山」になれば、豊臣大坂城や徳川大坂城も「石山」にあったと言われそうなものだが、そうなっていない。「石山」はあくまでも「本願寺」とセットである。

　その意味では「石山」は一度も実際に使われたことのない、架空の地名と言った方が適切だろう。歴史学は架空や虚構を避けようとするから、近年では「大坂本願寺」「豊臣大坂城」「徳川大坂城」と呼ぶことで一致を見ている。

だが、「石山合戦」を「大坂本願寺合戦」と呼ぶのには根強い反対がある。「石山合戦」は大坂の本願寺の戦いと、各地の一揆の戦いを包括的に理解する呼称として用いられてきた。「大坂本願寺合戦」では大坂本願寺攻防戦ばかりが強調されることになりかねないというのである。「石山合戦」という語は明治三十年代に登場するが（明治二十年代には「石山戦争」）、確かに当初から包括的呼称であった。明治三四年（一九〇一）の菅瀬徹照著『石山法難記説教』は「加賀・能登・越中・越前」を「石山戦争の御納戸、兵糧の大蔵省」と言い、大正六年（一九一七）の中村孝也『日本近世史』第二巻は「織田信長と石山本願寺との争いは、石山合戦の名において伝唱せらるゝ有名なる事件也」として、その第一期を「伊勢の長島一揆、加賀越前の一揆」としている。

だが、江戸時代以前には包括的呼称自体が見出しがたい。やはり長年にわたり各所で戦いを繰り広げた武田氏と上杉氏、尼子氏と大内氏の場合にも、戦いの総称は見当たらない。戦功を挙げた武士への恩賞は個々の合戦を単位としていて、積年の戦いがすべて完了した後に一括して与えられるのではなかったから、包括的呼称は必要がなかったのではないか。明治に入り、本願寺と信長の戦いに限って、特別な呼称が創作されたのである。

近年では、名もなき民衆の抵抗として特別視されてきた「一向一揆」「石山合戦」を、一揆一般・合戦一般のなかに解放し、同時代の普遍の中で考え直そうという流れが顕著である。本願寺門徒の一揆を全国各地で起きた土一揆（土民・百姓の一揆）の一と捉え、信長と本願寺の戦いを武田氏と上杉氏の戦いと同じ戦国大名同士の戦いと捉えるのである。

神田千里『一向一揆と石山合戦』によれば、信長と本願寺の戦いが特別な戦いと受け止められるようになったのは江戸時代の軍記のせいであるという。

戦国時代や江戸時代に作られた多くの軍記（戦国軍記・近世軍記と呼ばれる）が、各地の百姓の一揆が本願寺と連携して信長に反抗したとすることは間違いないが、「石山本願寺」や「一向一揆」の語を用いる軍記はごく一部である。特別な語は同時代の文書・書状・日記等に出ないだけでなく、特別な一揆として叙述する当の軍記にも出ないのである。

「特別な一揆」と「特別な言葉」

世の中には、事実があるのに言葉は存在しないということが意外に多い。五十年前の日本語に「パワハラ」や「（学校での）いじめ」は存在していないが、「今思えば、あの子はいじめの被害者だった」という人物が一人も思い当たらない年寄りはまれであろう。

いじめ認識となるとさらに話は複雑になる。学童疎開の記憶をたどった文章を読むと、「あの子に対するみんなの意地悪は普通じゃない。止めたいが、怖くてできない」などと悩んでいた子供もいたようである。そういう場合、七十余年前にすでに「いじめ認識があった」と言うのだろうか。

言葉も認識もあるのに、文字に残らないこともある。特に、記録を作成する側が歓迎しない事態は、口頭では語られても文字になりにくい。「会社中のすべての書類にパワハラという文字が出ないから、うちの会社にパワハラはない」と言い切れないのは、周知のことだろう。

言葉の存在と事実の存在、認識の存在は、単純には割り切れない。どういう立場の人が、何のためにその言葉を記したのか、いちいち問うていかないと、事実にも認識にも迫れないという困難さがある。

軍記の話に戻ると、作者不詳の軍記もかなりあるが、わかっている場合はほとんどが武士や、もとは町人でも士分（しぶん）に取り立てられるほどの者である。読者も武士だから、武士が武士のために作った書物、軍事と治世の教科書であった。関ヶ原合戦を描いた『慶長軍記（けいちょうぐんき）』の一七世紀半ばの写本には詳細な地図が添えられていて、読者が紙上演習をしていたさまがうかがえるという。

井上泰至（やすし）によれば、戦国時代から江戸初期までの軍記は、子孫や家来などを読者に想定して、戦争での自らの活躍を残そうという動機から執筆されることも多い。「〇〇家は〇石取りだ」というときの「〇石」は、祖先の戦功が根拠となるからである。

次いで徳川幕府の体制が確立していく時期には、平和の到来で就職口を失った浪人（ろうにん）たちが、平時の武士への教育や治世の立場からの批判を記す軍記を作り始める。

一七世紀末には商業作家が登場して、面白おかしく話を膨らませ、教訓と娯楽をないまぜに語るようになるが、享保七年（一七二二）、幕府の規制で軍記の出版ができなくなると、考証を中心とする学問的な書物と、小説化したものとに分れていくという。

上級の武士が読む軍事の教本や先祖の顕彰に発して、豪商・豪農なども読者に加えた広い意味の教訓書へと性格は変わっていくが、軍記は治者としてのものの見方に貫かれた書物群である。間違っても武士の支配に対する庶民の反抗を讃えることはない。

そういう書物群が、本願寺と信長の戦いを、戦国大名同士の戦いとは異なる特別な戦いとして描くからには、何かしら意味があったはずである。治者目線の作者たちがどういう点で特別と考えたのか、その特別な戦いを描くことで、読者に何を学ばせようとしたのか。

まずは軍記の主張を丁寧に腑分け（ふわ）するところから始めてみよう。

◎本書に登場する主な書物・芸能（江戸時代以前）

	成立・刊行	題名	作者	出典	典拠	備考
①	1573 元亀4	細川両家記	生島宗竹	群書類従20		
②	1577 天正5	越州軍記	不詳	続群書類従22下		
③	不詳	信長公記	太田牛一	角川文庫		
④	1624 寛永元頃刊	甫庵信長記	小瀬甫庵	古典文庫	③	
⑤	1625 寛永2	三河物語	大久保忠教	日本思想大系26		
⑥	1634 寛永13頃	勢州軍記	神戸良政	三重県郷土資料叢書	④	
⑦	1638 寛永15刊	本願寺表裏問答	甫顔	大系真宗史料文書記録編14		真宗
⑧	1642 寛永19頃	紫雲殿由縁記	金宝寺明専	真宗全書70	⑦	真宗
⑨	不詳	新撰信長記	板倉重宗	日本文芸論叢	④	
⑩	1658 明暦4刊	将軍家譜 織田信長譜	林羅山・読耕斎	内閣文庫蔵板本	④	幕府
⑪	不詳	足利季世記	不詳	大系真宗史料文書記録編11	①④	
⑫	1662 寛文2	増補信長記	松平忠房	内閣文庫蔵写本	③④⑥⑨⑪	

⑬	1670 寛文10	本朝通鑑	林羅山・鵞峰	内閣文庫蔵写本	④⑥⑩⑪⑫	幕府
⑭	不詳	朝倉始末記	不詳	日本思想大系17	②	
⑮	1677 延宝5刊	後太平記	井上家正	通俗日本全史	④	
⑯	1686 貞享3	武徳大成記	林鳳岡・木下順庵等	大系真宗史料文書記録編11	（⑤）	幕府
⑰	1693 元禄6刊	明智軍記	不詳	新人物往来社	③④⑦⑭	
⑱	1702 元禄15刊（1685頃成）	織田軍記	遠山信春	通俗日本全史	③④⑥⑨⑫⑭	
⑲	1707 宝永4刊	北陸七国志	馬場信意	通俗日本全史	⑭	
⑳	1711 宝永8刊	遺徳法輪集	宗誓	真宗史料集成8		真宗
㉑	1714 正徳4刊	叢林集	西福寺恵空	架蔵板本・真宗史料集成8	③⑦	真宗
㉒	1715 正徳5刊	本願寺由緒通鑑	原隰軒温科子	大日本仏教全書132	⑦⑰	真宗
㉓	1717 享保2刊	陰徳太平記	香川景継	東洋書院	①④⑦	
㉔	1718 享保3刊	織田真紀	織田長清	内閣文庫蔵写本	③	
㉕	享保頃	石山軍記	不詳	国文学研究資料館蔵写本	⑳㉒㉓	真宗
㉖	1771 明和8	石山軍鑑	立耳軒	明治17年鶴声社「絵本石山軍記」	④⑦⑰⑱㉓㉕	

	成立・刊行	題名	作者	出典	典拠	備考
㉗	1772明和9	常山紀談	湯浅常山	角川文庫		
㉘	1776安永5	信長記拾遺	秋里籬島	諏訪市立図書館蔵板本	④㉒㉓㉖	
㉙	1780安永9	帰命曲輪文章	並木五兵衛他	歌舞伎台帳集成41	㉖	歌舞伎
㉚	1785天明5	大谷本願寺通紀	慶証寺玄智	真宗史料集成8	⑦⑩⑭⑰⑲㉓㉕	真宗
㉛	1791寛政3	彫刻左小刀	近松柳他	菅専助全集6	㉖	浄瑠璃
㉜	1797寛政9	絵本太閤記	武内確斎作・岡田玉山画	有朋堂文庫	⑰㉖	
㉝	1799寛政11	絵本太功記	近松柳他	新日本古典文学大系94	㉜	浄瑠璃
㉞	1801享和元	絵本拾遺信長記	丹羽桃渓等画	早稲田大学図書館蔵板本	⑦⑰⑱㉖㉘	
㉟	1827文政10序（1844刊）	日本外史	頼山陽	岩波文庫	④㉔	
㊱	1837天保8	改正三河後風土記	成島司直	秋田書店	（⑤）	幕府
㊲	1843天保14	徳川実紀	成島司直	経済雑誌社	㉗㊱	幕府

＊「成立・刊行」は刊年を基本とするが、刊行以前に写本で広まっていた場合には成立年で記した。

第一章　軍記の治者目線

『朝倉始末記』——坊主の数珠つなぎ

軍記を通観する前に、その治者目線を確認しておく。まずは『朝倉始末記』である。

天正三年（一五七五）、信長は羽柴秀吉・明智光秀・柴田勝家などの大軍を越前に投入し、一揆を壊滅させた。残党狩りは次のように描かれている。

織田勢の十万余騎が民屋はもちろん神社仏閣をも焼き払い、山中の岩の狭間まで探索して、一揆衆やその妻子を刺し殺し、手足に薪を結い付けて火を付け、地面を掘り死体を埋めた。特に坊主どもは大罪だとして、大坊の住職から道場坊主（在俗信徒が開いた道場の指導者）まで、ここで五〇人、あそこで三〇人と捕縛しては高手小手にいましめ、袖から袖へ縄を通し数珠を貫くようにして、五十人縄・三十人縄と名付けて番所へ引き渡し、各所で七〇〇余人を磔に懸けた。

いくら信長が苛烈でも、五十人縄・三十人縄は不可能だろう。高手小手に縛り上げた上で、どうすれば袖から袖へ縄を通せるのだろうか。

太田牛一『信長公記』は同時代の古文書・古記録並みに信憑性の高い史料として、現代の歴史家にも重視されるが、そこではこの場面は次のようになっている。

> 国中の一揆既に廃忘（うろたえる）を致し、取る物も取り敢えず、右往左往に山々へ逃げ上り候。推し次第山林を尋ね捜って、男女を隔てず斬り捨つべきの旨、仰せ出され、八月十五日より十九日まで御着到の面、諸手より搦め捕り進り上げ候う分、一万二千二百五十余と記すの由なり。御小姓衆へ仰せ付けられ誅せられ、そのほか国々へ奪い取り来る男女、その員を知らず。生捕と誅せられたる分、合せて三、四万にも及ぶべく候うか。

牛一の筆は慎重である。五日間で一万二千余人を捕らえたとの記録があると聞いているだけで、その記録は実見していないと明記する。誅殺と生け捕りを合算すれば三、四万に及ぶのではないかというのも、牛一の推察である。伝聞・推察をそれと記す態度を持つからこそ、後世の編纂物であるにもかかわらず、貴重な史料とされているのであろう。もちろん五十人縄・三十人縄は出て来ない。

袖に縄を通すとは何かといえば、武士が公家（くげ）を侮って言う「長袖者（ちょうしゅうしゃ）」という言葉がある。武士は袖を括って鎧（よろい）を着けるが、公家や僧侶は長袖の衣を着ている。武士気取りで威張っていた坊主が本物の武士に捕らえられ、長袖を連ね数珠つなぎで引かれて行ったと、『朝倉始末記』はあざ笑っているのである。

『朝倉始末記』は作者未詳だが、一七世紀末には成立していた。序文には、国が栄えようとするときにはよい前兆があり、亡びようとするときには悪い前兆があるものだ、朝倉氏の興亡を見てこれを学ぼうと書かれている。国を治める者の学びを手助けする書物なのである。この時代の治者が武士であることは言うまでもない。

だからこそ『朝倉始末記』は治者に抗した「一揆の悪党」たちを揶揄（やゆ）し、その無惨な末路を強調した。同じ親鸞に発する真宗門徒でも、領主方についた高田門徒（たかだもんと）のことは「一揆」と呼ばず、「大坂一揆（本願寺門徒の一揆）に混じらず」に「代々国主に対し忠節」を尽し、信長の保護下で「浄土真宗を再興」したと、美辞を連ねて称賛している。

現代の真宗では総寺院数の九割以上が東西両本願寺派に属している。専修寺（せんじゅじ）を本山とする高田派や、仏光寺を本山とする仏光寺派など東西本願寺派以外の派は、すべて合わせても一割弱にすぎない。戦国末期もさほど違わなかったと推定されるが、越前や三河では高田門徒が教線を張り、本願寺門徒と対立していた。本願寺が一揆の大将として派遣していた下間頼照（しもつまらいしょう）の首を取り、柴田勝家のもとに持参したのも、高田門徒である。一揆退治の一件は、信賞必罰の態度の涵養や宗教者の利用法など、統治に当たる者たちへの絶好の教材であった。

坊主の袖から袖へ縄を通して数珠つなぎなどとふざけているようだが、ここからも多くが学べたはずである。坊主は口が達者で、門徒の組織化も上手だが、しょせん長袖だから、武力で断固たる措置を行えば抵抗できない。真宗比率の高い越前を治める武士たちへの教訓である。

『織田軍記』――なぶり殺し、むしりちらす

遠山信春『織田軍記』は信長の一代記で、貞享二年（一六八五）頃に書かれ、元禄一五年（一七〇二）に刊行された。作者は執筆当時は浪人だったが、後に旗本となり小林正甫と名乗った。伝説にまみれた資料から実事だけを抜き出して年次順に整理し、正しい信長像を描こうと心懸けたとして、評価の高い人物である。

天正三年（一五七五）、越前では一揆が国中に広がって田畠は荒れ果て、守護も百姓も疲れきっていた。父子・君臣の間も疑心暗鬼で、寝ても覚めても安らぐときがない。蜂起された側のみならず蜂起した側も、つくづく戦に倦んでいたが、戦乱を止めるに止められなかった。

哀れ、何とぞして一国一統に軍をやめ、半日なりとも心安く、無為無事に暮らさまほしく、

ねがわぬ者こそなかりけれ。この兵乱に取り紛れ、しかじか耕作をもいとなまざれば、皆渇命を繋ぎかねけり。信長公はこの年月、越前一揆御退治の事、さのみ御取りあげもなく、先づその分にて土民にくたびれけをつけよとのたまい、打ち捨て指し置かれしが、今年長篠御勝軍の後、越前表の儀、御穿鑿あり。

「越前一揆の奴原は皆土民」であった。国中で一斉に戦闘を止め、半日でもいいから安穏に暮したいと願わぬ者はなかったが、信長は土民に草臥れ気をつけよと言うだけで放置した。長篠合戦の後、ついに一揆退治に乗り出すと、十万余人の上方勢が一揆の家々を焼きたてながら進軍し、山林へ逃げ隠れた郷民らを岩の隙間や木の陰まで尋ね捜して、刺し殺し切り殺した。特に一揆を指導した僧侶やその子弟には容赦なかったという。

寺院坊舎、民家商屋まで、開き袋の底をふるうように残らずさがし出されて、ここにては百、二百、かしこにては五十、七十、高手小手に縄をかけ、袖より袖へ縄を通し、五十人、三十人ずつ一繋ぎに搦めつれて、数珠のごとくに引き貫き、五十人縄、三十人縄と数に応じ札を付けて、或いは本陣へ引いて参り、或いは当座に切り殺し、又はなぶり殺し、むしりちらし、或いは生きながら首を引きぬかれ、そのほか駅所駅所のつまりつまりには、

五十、七十、百、二百ずつ磔にあげ、鳶や烏の餌食（えじき）となる。此の如く瓜蔓（うりづる）を引きたぐるように根葉（ねは）を絶やしてほろぼさる。是（これ）を見る人肝胆（きも）を消し、忽（たちま）ち骸骨山をかさぬ。

史実探求の一方で、作者は『朝倉始末記』を誇大に書き直した。『朝倉始末記』の五十人、三十人を百人、二百人と倍増させ、「七百人余りが磔に掛けられた」を「五十、七十、百、二百人ずつ磔に掛けられ、鳶や烏の餌食となった」と映像化する。「袋の底をふるって最後の一粒まで残さぬよう」逃げた僧侶を探索する、「瓜の蔓を引きたぐるように」次々に滅ぼすなど、譬喩（ひゆ）を効果的に用い、果ては「なぶり殺し、むしりちらし」、「生きながら首を引きぬかれ」というところまで創ってしまう。

現代人は相手が悪党でも虐殺はいけないという倫理感を持っているが、江戸時代はそうではない。信長を英主と讃えたい気持ちが強ければなおさら、虐殺した悪党の人数を増やし、殺害方法をより残忍に仕立て上げる。

作者にとって信長は平和の使者であった。一揆の土民が疲れ果て、安穏な世の到来を切望するようになるのを、信長は待つ。この「待つ」という行為が、並みの人間にはできない。家臣たちから動くよう進言されても、信長は待ち続け、待ちに待って、ついに立ち上がったときには、猛烈な力とスピードで一気呵成（いっきかせい）に片を付ける。

平定を当時の言葉で「平均（へいきん）」、平らに均（なら）すと言う。古来の自然地形や人工的な建造物を大型ブルドーザーで破壊して大規模造成を行えば、総体として大きな利益が得られるのに、愚かな土民は小さな既得権に拘泥する。とことんまで「くたびれ」て、もうどうとでも片を付けてしまってくれというところへ追い込まれないかぎり、ブルドーザーの乗り入れを承服しない。土民がくたびれるのを待ちきった『織田軍記』の信長は、苛烈に見えて、実は万民に安穏をもたらす救世主ということになる。

星野恒の論文——英雄に抗した者の必然

話は明治中期に飛ぶ。

東京帝国大学文科大学（現東京大学）教授星野恒（ひさし）は明治二三年（一八九〇）の『史学会論叢』に「織田信長の僧徒に対する処置」を発表し、信長は比叡山延暦寺や本願寺を抗敵（こうてき）として打ち倒したのであって、仏教を嫌ったのではないと述べた。

信長の二寺を破壊せしは、抗敵者を除くがためなるは、争うべからざるの事実とす。（中略）一向宗旨の民心（みんしん）に沁入（しんにゅう）する、一日に非（あら）ず。時々一揆を起し、豪族と戦い、干戈（かんか）の事に慣（なら）う。（中略）叡山・南都、及び本願寺は、許多（きょた）の土地兵力を有し、厳然たる数大国の守護にして、毛利・武田の諸氏に異ならざれば、撥乱(はつらん)の英雄に逢う時は、其の従違によりて、この結果を致すも、拠(よんどころ)なき次第なり。

信長は無抵抗の南都（興福寺）には手を出さなかった。天台宗や、民心をつかんで一揆を起こす一向宗も禁教にはせず、本願寺が敗北を認め大坂の地を明け渡した後は懇切に遇した。延暦寺・本願寺は毛利・武田と同じく、土地や兵力を有する大国の守護である。「撥乱（乱をおさめる）の英雄」信長に「従」わなかった者（「違」）が破壊されたのはやむを得ないとする。

同年の「徳川家康一向一揆の処分」という論文では、信長には「長島一揆等」を「屠戮斬殺(とりくざんさつ)」する「残酷の挙動」があったが、幼時から苦労を重ねてきた家康にはそれがなく、子孫が以後十余世に渡るゆえんとなったと書いている。妨害者側の民の屠戮斬殺はいけないというのではないが、治世のわざとして得策でないとするのである。

そのころ同大の重野安繹(しげのやすつぐ)は、軍記中の軍記と言うべき『太平記』の楠木正成(くすのきまさしげ)の逸話等を否定して「抹殺博士」と渾名(あだな)され、久米邦武(くめくにたけ)は雑誌に「太平記は史学に益(やく)なし」を連載していた。星野は彼らの盟友で、同時代の文書や記録に拠って考察すべきことを説き、『陰徳(いんとく)太平記』『石山軍記』などの軍記類を妄談・妄言・虚談と痛罵した。だが、信長を平和の使者として英雄視するさまは、『織田軍記』と実によく似ている。

明治三一年（一八九八）、真宗大谷派の僧侶で、東京帝国大学の印度哲学科の講師をしていた村上専精が、日本仏教史の最初の通史として名高い『日本仏教史綱』を刊行した。本願寺門徒の一揆は「乱」「擾乱」「暴起」である。大正五年（一九一六）の『真宗全史』でも一揆を「乱」とする姿勢は一貫しており、本願寺の指令があった場合にかぎり例外的に是認した。「撥乱の英雄」信長への「従」と「違」を基準とする星野と、本願寺への「従」と「違」を基準とする村上は、門徒の一揆を「乱」と見なし平らぐべきものとする点で一致していた。

『絵本拾遺信長記』——一揆の立場で語り直す

ここで趣を変え、軍記の直系の子孫ではあるが被治者を読者と想定して作られた、総ルビ絵入りの『絵本拾遺信長記』を見てみよう。前後編計一三巻の絵本読本（近世小説）で、享和元年（一八〇一）から文化元年（一八〇四）にかけて刊行されている。作者や書名についての詮索は後回しにして、とりあえず越前一揆掃討の場面を見ていく。

> 寺院坊舎はいうも更なり、民家商賈の内に隠れたるも更に遁るる者なし。切り捨てたる死骸は雑兵等うち集まり、両袖より縄を通し、或いは百人、或いは七八十人ずつ、一繋ぎに引き集め、誰某が手に切り殺す門徒、百人縄何束、五十縄幾絡みと、札を付けて帳面に記

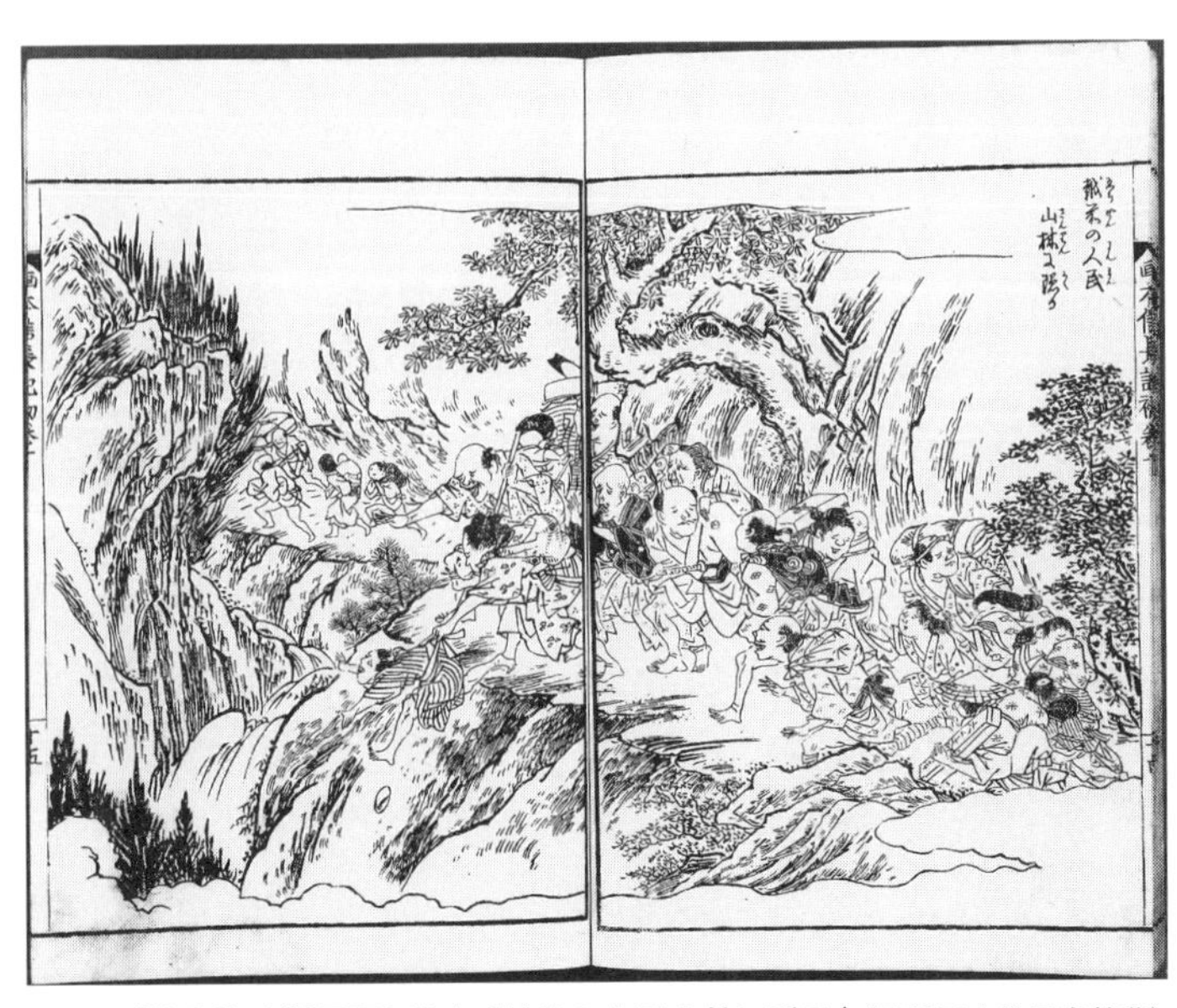

図2　『絵本拾遺信長記』巻十「越前の人民山林に隠る」（早稲田大学図書館蔵）

> し、ただ瓜の蔓をたぐるように根葉を絶して亡ぼすほどに、見る人胆を飛ばし、聞く者魂を失う。（中略）寔(まこと)に信長の暴厲(ぼうれい)なる、生を損い殺を好む桀紂(けっちゅう)といえども、亦(また)悪を譲るべし。

『織田軍記』は信長の残虐さを誇り、「親を捨て子を捨て」て逃げる「一揆の郷民等」を嘲弄していたが、作者はその文章を、「親を失い子を殺され」る「人民(にんみん)」の立場で語り直し、英雄信長を暴虐で知られる古代中国の桀王(けつおう)・紂王(ちゅうおう)にもまさる「悪」と糾弾した。軍記やその子孫に当たる書物で、逃げる「人民」の大きな挿絵を持つのは、本書ぐらいではなかろうか（図2）。

縄で括った無数の死骸を何束・何絡みと物品のように記帳する場面は、臭覚を刺激するほどに凄惨だが、史実でないのは言うまでもない。『朝倉始末記』や『織田軍記』の嘘の上に嘘を重ねた嘘話である。しかし、ここで見ておきたいのは、軍記と同様に絵本もまた史実を描かない、ということではない。信長を英雄と讃える軍記の書き換えによって、信長の大虐殺を糾弾する叙述がなされたことである。

本願寺門徒の町人を読者とするのにぴったりの資料は、まず入手できない。敗者・弱者の史料は残りにくいと言われるけれども、被治者の多くは字が書けなかったから、残る、残らないという以前に存在しがたいのである。本屋（出版者）が作者に執筆資料として差し出すことができたのは、なぶり殺し、むりしちらす信長を称える『織田軍記』であった。

治める側の史料しかなくても、それを逆なでに読み、再構成するという手段で、歴史を語ることができる。「そんなものは、二次史料による嘘話だ。およそ信憑性がない」と切り捨てるのは可能だが、実は治める側に身を置いた歴史語りも、「先行史料を視点を変えて読み、再構成する」という作り方はまったく変わらない。『朝倉始末記』から『織田軍記』へ治者目線を深化させるのと、『織田軍記』から『絵本拾遺信長記』へ視座を転換するのと、やっていることは同じである。

そして、『織田軍記』なり『絵本拾遺信長記』なり、二次史料を読んで脳裏にイメージを作ってしまうと、文書・書状など一次史料を見る際にも、いつのまにか影響を受けてしまうものである。「変なイメージを作らないように、大河ドラマは見ないようにしている」という人もあろうが、学校の教科書や教師の説明までシャットアウトできる人は、まずいないだろう。「悪影響を受けないよう、二次史料をシャットアウトする」のでなく、「二次史料の影響を受けていることを前提にして考える」ことが必要になるゆえんである。

歴史を語るということ

文書や書状だけでものを考えることができないのは、なぜだろうか。大学の歴史学科でそれらを読む訓練を受けていないからか。いや、歴史を専門とする大学教授も、史料集（中身は文書・書状・記録ばかり）の解説にこう書いている。

日記と文書だけではその記述自体を理解することすら容易ではなく、戦国軍記と称される編纂物によって筋道を辿(たど)りながら、年次や個々の固有名詞を比定することから始めて、漸(ようや)く内容が把握されるというのが実のところである。つまり一次史料こそといいながら、実は二次史料によって一次史料を解釈しているのである。（『大系真宗史料　文書記録編12石山合戦』の「解説」　大桑斉「石山合戦編年史料をめぐる諸問題」）

別の研究者にも次のような発言がある。

> 論文のレベルだと、『太平記』がなくても一次史料だけで何とか執筆できます。だから「史料として『太平記』を使うと危ないな」と、意図的に避ける。慎重な態度をとります。ところが、いざ通史や概説書を書こうとすると、『太平記』なしでは書けません。結局、『太平記』を使うことになるので、そこがある意味でダブルスタンダードのようになっているのです。（『アナホリッシュ国文学』八号の対談「歴史と物語の交点──『太平記』の射程」における呉座勇一の発言）

軍記を援用しないと文書や日記（記録）の意味が取れないというのは、少しでも経験したことのある人なら首肯するところであろう。たとえば、昔の手紙には書いた月日は書かれていても「〇年」は記されず、人名は実名でなく「上総（かずさ）」などと官職名で書かれる。「何年のことかわからないが、上総守（かみ）もしくは上総介（すけ）を名乗る人が書いた」という手紙の意味など、あらかじめ事態の全体像がつかめていなければ読み取れない。

しかも、解釈する、意味を取る、筋道を辿るといったことができて、全体像が見渡せるところまで来ないと、歴史がわかった気にはなれない。私たちが「わかった」と手を拍つのは、

「なぜ明智光秀は織田信長を討ったか」といった「なぜ」が理解できたと感じたときである。ただ何年何月何日に誰が何をしたと出来事を列挙されても心が動かない。出来事の裏に働いていたとされる因果関係に説得力があって、「なるほど、それはありそうだ」と思えたとき、「わかった」と嬉しくなる。

ところが、同時代の文書や書状に「なぜ」と「その答え」が明記されていることは、まずない。だいたい、誰が、誰を、何のために、どうしようとしているか、明々白々に掲げられている戦いの現場などあるはずがない。あるとすればかえって疑わしい史料であろう。

文書どころか軍記でも、戦いの直後の時期に作られた軍記は何が起きたかを記すだけで、「なぜ」についてはあまり記さない。いや、何が起きたかにしても、合戦からまもない時期の『信長公記』は、味方の人名はある程度挙げるが、敵方では大将の名前がせいぜいである。誰と誰が槍を合わせ、どういう戦いをしてどちらが勝ったということを記すようになるのは、時代が降ってからである。

文書や軍記の文字が読めても、そのまま「わかった」にはならない。「なぜ」という問いを、こちらから史料に投げかけなければ、「わかった」に至らない。「なぜ」という問いを発する私がいなければ「わかった」もない。

被治者が被治者を読者と想定して書いた『絵本拾遺信長記』は、治者が治者を読者と想定して書いた『織田軍記』とは「なぜ」の在り方が異なる。作者は『織田軍記』の語りを黙って聞くのでなく、自ら質問を投げかけた（文章の行間や裏側を読み込もうとした）。そうでないかぎり、被治者のことは「史料に書いてないからわかりません」、あるいはせいぜい「史料にはやつらのしでかした悪事しか書いてありません」になるだけである。

現存する史料の語りを黙って聞くばかりで、積極的に「なぜ」と問いかける姿勢を持たなければ、私が「わかった」に至ることはない。

「石山合戦」の概要

ここで本願寺と信長の戦いの概要をつかんでおく。

本願寺は京都大谷の地にあった親鸞の墓所で（大谷本願寺）、八世蓮如（れんにょ）の代、寛正六年（一四六五）に比叡山の衆徒（しゅと）に破却された。蓮如は近江等を転々とした後に越前吉崎に赴き、やがて京都に戻り山科（やましな）を本拠として（山科本願寺）、大坂に建てた坊舎を隠居所とした。天文元年（一五三二）、法華宗（日蓮宗）徒と結んだ細川晴元（はるもと）に山科本願寺を焼き討ちされ、一〇世証如（しょうにょ）は本山を大坂に移した（大坂本願寺）。

永禄一一年（一五六八）に、織田信長が室町幕府一五代将軍足利義昭（よしあき）を擁して上洛し、畿内をほぼ制圧した。

元亀元年（一五七〇）六月、三好三人衆が挙兵して摂津に野田城・福島城を築いたが、戦況は信長に有利であった。ところが、九月一二日に本願寺一一世顕如が突然織田勢を攻撃し（野田・福島の戦い）、浅井長政・朝倉義景が蜂起して延暦寺もこれに加わったため、信長は本願寺近在の江口の一揆と対峙しながら京都へ戻った。六角義賢とともに近江湖南・湖西の一揆が織田勢に戦闘を仕掛け、尾張と伊勢の国境では長島の一揆が信長の弟信興を自害に追い込んだ。

元亀二年五月、長島一揆が織田勢の侵攻に勝利したが、九月には湖南の一揆が降伏し、元亀三年に本願寺は信長と和睦した。

天正元年（一五七三）一〇月、長島の一揆が再び織田勢を押し返した。

天正二年四月、本願寺が再挙兵した。七月には信長が長島を包囲して兵糧攻めを開始し、九月末には一揆が降伏を申し出たものの、信長は許さず根切りに処した。越前では信長が朝倉・浅井を滅ぼし、朝倉旧臣の桂田長俊を越前の守護代としたが、富田長繁と結んだ一揆に長俊が殺され、さらに長繁も一揆に討たれて、信長は越前を失った。

天正三年四月、信長自身の率いる大軍が本願寺を攻撃し、八月には越前を制圧した。一〇月に本願寺は和議を申し入れ、信長は赦免した。

天正四年五月、織田勢が本願寺を攻め、逆に攻撃されて危機に陥ったが、信長が手勢を率いて天王寺砦へ駆けつけ、本願寺の大軍を破った。その後、四方を囲まれた本願寺は籠城戦に入り、毛利輝元（てるもと）に援助を要請した。七月、毛利水軍が織田配下の水軍を破り、本願寺に兵糧・弾薬を搬入した。

天正五年二月、和泉・紀伊の雑賀（さいか）の一揆が信長に降伏し、一一月には毛利水軍が再度の兵糧搬入に失敗した。

天正八年、朝廷は本願寺へ勅使（ちょくし）を派遣し、本願寺は信長に誓紙（せいし）を提出して和を結んだ。顕如は四月九日に紀伊鷺森（さぎのもり）の坊舎に退去したが、嫡子教如（きょうにょ）は徹底抗戦を主張して籠城を続け、八月に退去した。本願寺は直後に炎上して灰燼（かいじん）となり、加賀の一揆も柴田勝家によって天正一〇年に鎮圧された。

さて、こうして見ると本願寺周辺での実戦は意外に少なく、元亀元年の開戦当初の後、本格的な合戦は約五年間行われていない。

本願寺攻防戦だけを見ていても、十年間の戦いの全体像は把握できない。本願寺と信長の戦いを俯瞰し、端的に表現したいという欲求が生まれて初めて、「石山合戦」という語が求められたのである。

重要なのは、そのときなぜ架空の地名である「石山」が採用されたのかということである。本願寺の所在地は江戸中期から知識人の読む軍記や史書では「大坂」、庶民が楽しむ浄瑠璃（じょうるり）（文楽（ぶんらく））・歌舞伎や絵本読本では「石山」と、実に綺麗な棲み分けがなされていた。知識人が求

図 3　『絵本拾遺信長記』後篇巻七「門徒の男女本山を救ふ」
（早稲田大学図書館蔵）

めたはずの学術用語に、なぜ「知識人の大坂」でなく「庶民の石山」が定着したのだろうか。

一揆といえば百姓、百姓といえば丸腰

軍記の治者目線に関わるものとして、もうひとつ、「一揆」と「百姓」のイメージ形成について触れておきたい。

『絵本拾遺信長記』後篇巻七によれば、本願寺の早鐘を聞いて老若男女が竹槍・唐竿（からざお）・手斧・草鎌などを持って駆け出し、援兵雲のごとくに起り立って、鬨（とき）を作り、鉄砲を響かせ、松明（たいまつ）の光は天に輝いたという（図3）。

これこそ現代人の思い浮かべる「一向一揆」であろう。本願寺といえば一揆、一揆といえば本願寺、そして、一揆といえば竹槍や鎌を握る百姓である。

だが、「一揆」の本来の意味は揆(き)(道、方法)を一にすること、上下関係でなく平等な横並びの関係にある人々が一致団結することだから、誰でも一揆を結び得た。時代が降るにつれて一揆を結ぶ階層が下がっていくとはいえ、一七世紀初頭までは在地領主(国人(こくじん))の一揆も珍しくない。軍記が国人層の一揆を描くときには、一揆が何々したと書くこともあるが、誰某が何々したと名前で書いて、武将同士の戦いと同様に遇することもある。

ところが、軍記が「一揆」としか記さない、無名人の集団もあった。土豪・地侍(じざむらい)などと呼ばれ、下層の武士と上層の農民の間に位置する者たちの一揆である。竹槍でない本物の槍や弓・鉄砲を持ち、大名や国人と主従関係を結んでいる点は武士的だが、村に住んで農業を営む(商工業や金融業も)ところは百姓であった。

豊臣秀吉が天正一六年(一五八八)に発した刀狩令の第一条には、「諸国百姓等」が刀・弓・槍・鉄砲等を持つと年貢を払うまいとしたり、「一揆を企」てたりするので厳禁とある。「百姓」は一揆となると武器を持つものだと認識されていたのである。彼らから武器を取り上げることこそ、刀狩令が真っ先に掲げた目的であった。

刀狩や検地を経て、江戸時代には兵農分離が徹底されて中間的・流動的な存在は認められなくなり、主君をいただいて城下町に住むのが武士、主を持たず村に住むのが百姓と、画然と二分された。なお、少し前まで江戸時代の身分といえば士農工商とされていたが、上から武士、農民、職人、商人という四区分よりも、治者である武士と、被治者であるそれ以外という二区分が実態に近いと考えられている。

寛永一四年（一六三七）の島原天草一揆（島原の乱。江戸時代の史料では「一揆」と書かれることが多い）の後、一揆は厳禁され、代わりに訴願が合法とされて、村役人など少数の代表者が治者に願い出るよう推奨された。藪田貫・保坂智らの研究によれば、「兵と農が手を携えて国家の体制を支える」という考え方に基づき、「百姓は年貢を上納するので、領主は百姓の農業経営が成り立つよう保証すべきだ」と年貢減免などの仁政を訴えたのだという。

代表者の訴願でらちが明かず、非合法の集団的訴願（強訴）に至ることがあっても、一揆とは自称しなかった。鎌・鍬などの農具を「得物」（得手とするもの）として携えはするが、百姓としての正当な要求であると誇示するためであって武器としては使わない。幕末の打ち壊しでさえ、鉄砲は寺院の鐘や法螺貝と同じ「鳴物」（合図）か、せいぜい威嚇のための使用であった。百姓の武装蜂起が復活し、竹槍と筵旗のいわゆる百姓一揆が起きるのは、明治に入って百姓と領主の間の「ともに体制を支える」関係が失われた後のことである。

本願寺門徒の一揆に話を戻せば、戦国時代の教団の基盤をなした村の寺院や在家の道場は、土豪・地侍層と強い関わりを持っていた。非僧非俗の愚禿を名乗った親鸞の三百年後の弟子たちは、平時の昼間は村の農事を、朝晩は村の信仰を主導し、戦時には戦場へ出ていたのである。

兵農分離の時期には、彼らのうちのある者は兵たることを選んで城下町に移り、ある者は農を選び村に残って庄屋（しょうや）などになり、またある者は専業の僧侶になった。真宗寺院の系図を見ていると、一族の中に百姓、武士、村の寺の坊主がいる例をしばしば目にする。

それ以前の彼らを武士と見るか、百姓と見るか、僧と見るか、見る者によって違いがあっても不思議はないが、治者目線の軍記は文句なしに百姓と見なした。村では治者の立場でも、大名・国人など歴とした武士からすれば被治者にすぎず、天台宗・真言宗・禅宗などの歴とした僧侶でもない。

天台宗等の歴とした僧侶は、古代から治者側に分類されていた。円満な統治には政治力や経済力や軍事力だけでなく、仏教の力が必要だったからである。王法（おうぼう）・仏法の両者が相俟って鎮護国家や五穀豊穣が実現される。経巻（きょうかん）を揃える金があるなら、その金で刀を買おうということにはならない。

天皇や公家・武家は寺院を建て僧侶を養い、僧侶は女犯（にょぼん）や肉食（にくじき）を絶って修行・学問に励んだ。実際には妻子を蓄え美食に耽る僧侶があっても、戒律を守っているという建前は明治に入るまで貫徹された。一方、真宗は清浄な身で行う統治の支援ではなく、汚穢（おえ）不浄（ふじょう）の身のままの極楽往生を教義とする。治者側に分類される仏教とは性格が異なるのである。

『織田軍記』は治者に抗する百姓の一揆を憎み、典拠とする『新撰信長記（しんせんしんちょうき）』の「一揆○○騎」をいちいち「一揆○○人」に改めた。『絵本拾遺信長記』が竹槍や鎌しか持たせなかったのは、先行文献の「百姓の一揆」を江戸時代感覚で丸腰の百姓の戦いと受け取ったためだろう。丸腰の百姓集団が信長率いる最強の軍勢に反抗するというイメージが固まるのは一九世紀まで降る。

第二章　同時代の軍記に描かれた「本願寺」と「一揆」（1550〜1600年ごろ）

『細川両家記』――一揆といえば本願寺門徒

最初に『細川両家記』を見ていきたい。時期的には信長との戦いに四十年近く先立つ一揆だが、本願寺門徒の一揆を描いた最初期の軍記として参考になる。

本書の前半部は天文一九年（一五五〇）、後半部は本願寺が信長に対して蜂起して三年後の元亀四年（一五七三）に作られた。前半部は細川氏の内紛、後半部は三好氏と織田氏の対立を中心に描く。前半部の末尾に生島宗竹（三好氏被官）の作とあるが、そのとおりであれば後半部は九二歳での作になるため、後半部の作者は別人とする説もある。

享禄四年（一五三一）、畠山総州（義堯）は被官の木沢左京亮（長政）に背かれ、三好遠江守の合力を得て木沢の飯盛城を攻めたが、細川晴元が木沢を援護したため失敗した。総州は晴元の姉婿で、三好も数代にわたり細川に忠節を尽してきたのに、新参者の木沢に寄せる晴元の贔屓（ひいき）は度を越していた。晴元と三好元長の間は悪化の一途を辿り、翌年五月、総州はまた三好遠江守の援護で飯盛城を攻めた。晴元は木沢や河竹軒（かちくけん）と図って「山科本願寺」を「頼」んだ。本願寺（証如）がすぐさま「摂州大坂」へ下向して「近国の門徒へ相（あい）ふれ」ると三万ほどが「馳集り（はせあつまり）」、寄手（よせて）は「ちりぢりに」なった。

本願寺門徒が最初に登場するのは以上の場面である。人名を「総州」「右京亮」など官職名で記し、その居城の位置や姻戚関係を説明なしに持ち出すため、現代人には意味が取りにくい。本書はそれで理解できる人々を読者と想定しているのである。

そんな文中に突然三万人もの「近国の門徒」という名無しの権兵衛たちが現れ、勝敗の行方を握ってしまう。作者・読者の常識から外れた大集団の鮮烈な登場ぶりである。

その後、晴元は強大化した「一揆」に苦しめられ、六角氏や「京の法花衆（ほっけしゅう）」と協力して山科本願寺を陥落させる。それでも「一揆衆」はますます盛んに「おこり」、伊丹城を攻めようと「尼女まであつまり」堀を埋める有様で、今度は木沢が法華衆に協力を要請したという。

尼女も混じっていたとなれば、一揆を構成するのは百姓であろう。戦国武将が別の武将に援護を頼むのはよくあることだが、ここでは武将が本願寺に百姓集団の軍事利用を頼んだ。しかし「門徒」は武将の意図を越えて「おこり」「あつまり」、他宗に攻撃させればなおさら燃え上がる。利用する者とされる者の上下関係が崩れ、百姓集団が武将の脅威となる。武将同士の約束事の効かない、頭数勝負のひたすらな力業である。

この部分は現代の歴史教科書では法華一揆と一向一揆の戦いとされるが、法華宗は一貫して「京中（の）法華衆」、本願寺門徒は単に「一揆」「一揆衆」である。一揆といえば本願寺なのである。

また、法華衆には「京中の」法華衆と限定をかけるが、本願寺門徒は「中島の一揆衆」「河原村一揆衆」の例がわずかにあるだけで、あとはすべて単に「一揆衆」である。「近国の門徒」「和泉・河内・津の国（摂津）、三ヶ国の一揆」と言うからには、複数の門徒集団の出動を認識しているはずなのに、「地名＋一揆衆」の形にしない。本願寺門徒は居住地のいかんによらず一括りである。

作者は大名が本願寺に依頼して門徒を蜂起させたとしながら、一揆衆が「おこり」「あつまる」など、門徒が自身の判断で蜂起したような書き方をした。『信長公記』にも、領主による動員は「一揆を催す」、本願寺門徒は「一揆をおこし」たという区別が見られる。軍記は本願寺門徒の一揆を自主的なものとして書く。

作者はまた門徒の信仰を把捉していた。三好元長が「一揆衆」に攻められ自害したという記事の後に「南無阿弥陀仏、穴賢（あなかしこ）、穴賢」、「京の法華宗」一千余人が比叡山の衆徒に攻められて死んだ記事の後に「南無妙法蓮華経なり」と付加している。「一揆衆」と「京中法華衆」は阿弥陀信仰・法華信仰の徒として対になっている。
「南無阿弥陀仏」は各宗で唱えられるから、「穴賢、穴賢」こそ本願寺門徒の表示である。蓮如は「御文（おふみ）」（浄土真宗本願寺派では「御文章（ごぶんしょう）」と呼んでいるが、本書では「御文」に統一する）という法語体書簡によって教化（きょうけ）した。書簡だから「あなかしこ、あなかしこ」（現代語の「敬具」に相当）で終わる。各地の門徒集団では一人がこれを読み上げ、男女を問わぬ大勢がこれを聞いて、信仰について話し合った。作者はそれを知っているのである。

本書では後半部の最後、元亀元年（一五七〇）の記事に、再び本願寺門徒が登場する。三好三人衆が野田・福島で信長と戦っていると、次は「大坂」がやられるとの風聞があり、「大坂」は寺内の鐘を撞いて門徒を召集した。突然の蜂起に信長は仰天したという。
「大坂」は本願寺を指す。『越州軍記』や『信長公記』も「本願寺」ではなく「大坂」とするから、このころ本願寺は一般に「大坂」と呼ばれていたらしい。延暦寺が「叡山」や「山」と呼ばれたようなものだろうか。

　九月十二日夜半に寺内の鐘撞（つか）せられ候えば、即ち人数集けり。信長方（がた）仰天也と云う。

『信長公記』はこの「人数集まる」に相当するところを「一揆蜂起」としている。「人数集まる」と「一揆蜂起」は同意だろうが、本書は前半部であれほど用いた「一揆」の語を、後半部では一度も用いない。

その理由は、前半部と後半部が別人の手になるためかもしれないが、前半部では本願寺門徒は本書の主人公の敵の立場だから「一揆」を用い、後半部では味方の立場だから避けたという可能性も排除できない。次に見る『越州軍記』や『信長公記』では、「一揆」の語に軽侮の気分がまとわりついているからである。

『越州軍記』――一揆は蜘蛛や蚯蚓

『越州軍記』上下二巻は作者不詳で、天正五年（一五七七）の奥書（おくがき）があり、越前を領した朝倉氏の繁栄から滅亡、信長による征服までを描いている。

朝倉義景は一族の景鏡（かげあきら）に裏切られて自害するが、景鏡は平泉寺（へいせんじ）（白山（はくさん）越前馬場（ばんば））で一揆に討たれ、平泉寺も焼かれる。義景没後を描く下巻はあたかも一揆が主役のようである。古きよき越前を愛し、一揆を憎むことはなはだしい作者だから、意に反してそうなってしまったということではあろうが。

作者は和歌の用語や儒学用語を多用し、漢詩を作り、稚児（ちご）の美を讃えた。経典を引用する際には「経に曰く」（「経典にこう説かれている」の意）という、僧侶の著作にはよく出るが、それ以外ではほとんど見られない書き方をしている。作者は教養人・社交人として武家の間を周旋していた、室町時代風の僧侶ではなかろうか。

本書でも一揆は武士同士の抗争に利用される形で登場する。朝倉家臣の桂田播磨守（長俊）・富田弥六（長繁）ら三人は義景を裏切って信長に取り立てられ、越前を治めるにいたったが、富田は桂田の突出した栄華を妬み、「国中の一揆」を動かして桂田を倒した。だが、後に一揆は「談合」して加賀から七里三河守という「大将」を迎え、富田に敵対するのである。

府中の町人が「三門徒衆」（越前国内に限定的な真宗の一派）に三千石の所領を与えると、「鯖江の坊主」（誠照寺）が三千余騎、「横越の坊主」（証誠寺）が二千余騎を率いて富田側として発向した。一揆は蝿のように逃げ去ったが、結局富田は次の日に討たれた。

「異形異類の仕立て」（具体的な姿は記されない）をした一揆が武士に煽動されて蜂起し、目的を遂げた後も沈静化せず、勝手に軍事行動を続行しては、蜂起させた当の武士を圧倒する。誰某が誰某を恨んで云々といった、固有名詞の連続で進んできた物語のなかに、突然、頭数勝負の力業が招来され、主役のはずの武士たちを寸時に引きずり下ろして命脈を絶つ。『細川両家記』の描いた山科本願寺の一揆と同様の展開である。

「一揆といえば本願寺」であるのも『細川両家記』と重なる。同じ真宗でも三門徒の蜂起は一揆と呼ばない。三門徒の結集は、「鯖江の坊主」「横越の坊主」といった大坊の住職が自坊の門徒を率いる形だが、本願寺門徒の結集は「村岡の一揆」「大野・南袋(みなみぶくろ)・北袋(きたぶくろ)・七山家(ななやまが)の一揆等」のように地区別である。摂津の本山をいただくことにより、越前での直接の師弟関係を超えた大規模な結集を「一揆」と呼んでいるのである。

しかし、作者はその一揆を軽侮していた。一揆には「一揆等(ら)」と「等」を付し、それ以外の集団には「三門徒衆」のように「衆」を付す。平泉寺の衆徒は「寺衆」「寺門衆」、本願寺門徒でも、越前門徒が加賀から迎えた七里三河守や、本願寺の命を受けて越前入りした下間筑後法橋(しもつまちくごほっきょう)といった武士は「大将衆」、本覚寺(ほんがくじ)など越前の本願寺派大坊は「大坊主衆」である。「等」は複数を表す接尾語だが軽侮の意を含んでいた。現代人が「〇〇がた」（皆様方・先生方）に敬意、「〇〇ら」（やつら・おまえら）に見下す気持ちをこめるようなものである。

作者はまた、一揆に追い詰められて自害する景鏡に、「大凡下(だいぼんげ)の奴原」の手にかかるのは無念と言わせた。「土民」の手にかかり「浅猿(あさまし)」い（あまりにもひどい、みじめで見るに堪えない）死に方だったと評してもいる。

鎌倉時代の身分制では「侍」と「凡下(ぼんげ)」（侍身分でない一般庶民）の二つが厳密に区分されていた。刑罰でいえば侍は財産刑だが凡下は身体刑、侍は拷問されないが凡下は拷問されるなどの大差がある。作者は時代がかった「凡下」の語を持ち出し、一揆の手にかかって死ぬとはあさましいと突き放したのである。

一揆を「愚者」とも見ている。彼らが「談合」し、夜間に砦を築いて平泉寺を落としたとして、作者は「智者の千慮に一失あり、愚者の千慮に一得あり」とするのである。一揆は愚者だが「志」が「一致」していて、甘く見ていた平泉寺方はひとたまりもなかった。

一揆の強さを十二分に認識しながら、作者は軽侮せずにいられなかったらしい。『信長公記』が越前国は「一揆持」になったと記すところを、本書は百姓・下人の「僭上（身分をわきまえない）無礼」と捉え、『太平記』の千種忠顕（素行の悪い成り上がり者として描かれる）への評を丸取りして、「賤が貴服を着る、是を僭上と云ふ。僭上無礼は国の凶賊なり」とした。百姓・下人は美服を着て馬上にふんぞり返り、武士はぼろを着て腰をかがめ、他宗の僧侶は真宗の道場坊主の弟子・門徒となったという。

作者は桂田を、信長に寝返って出世を手に入れた、僭上そのものの人物として描いていたのに、桂田が本願寺門徒と戦う場面になると、一転してみやびな歌ことばで表現した。桂田や平泉寺の衆徒には「朝顔」の花の色の革でおどした鎧、「初霜」のように照り光る甲、草葉の上の「白露」のような臑当など、古来美しくもはかないものとされてきた歌語を並べるのである。一揆には「蜘蝥（蜘蛛）」の網の甲、「蚊虻」の羽の旗、果ては「蚯蚓（みみず）の骨」の臑当、「土竜（もぐら）の目」の輝くような太刀といった、気味の悪いもの、あり得ないものを列挙している。まさしく「異形異類」である。

和歌は伝統的な秩序を象徴する知識であった。公家・武家や天台・真言・禅宗などの僧侶といった、固有名詞の世界の住人たちは歌を詠むが、頭数勝負の百姓・下人は詠めない。和歌の世界の住人か否かの別は、侍と凡下の別、治者と被治者の別と言い換えられよう。

強欲さと阿弥陀信仰

作者は土民が「国郡を進退（しんだい）（自由に支配）」しようとしたと明記している。治者に従うだけだった者たちが、ある一人の治者の策謀を機に「一揆」の味を覚え、土地支配や農業経営を自らの手で、自らに有利に行おうとして、暴力を振るい続けたというのである。『細川両家記』では本願寺が門徒に命じて一揆を起こさせたが、本書では一揆を続ける理由を持つのは越前の門徒の側で、本願寺はそれに乗ったにすぎない。

本書において、一揆の徒（と）は現世的欲望の充足のみを目指して集団化し、秩序を破壊する。この後、江戸時代に作られた各種の軍記を見ていくが、本書に基づく『朝倉始末記』『織田軍記』などは一揆を政治と経済だけで説明し、信仰を度外視する傾向がきわめて強い。後世の軍記の書き方を規定するほどに、本書の唯物論は強烈である。

それでは一揆の徒の信仰を見ていないのかというと、そうではない。「弥陀のちかひ」云々という狂歌を詠みこんでいるので、阿弥陀信仰の徒であると知っている。ただ、平泉寺は越前における白山信仰の拠点で、白山の本地は阿弥陀如来だから、阿弥陀信仰は作者にも身近だったはずなのに、彼らには塵ほどの親近感も示さない。もっとも、本願寺門徒の方も平泉寺を焼くのをためらっておらず、あいこではある。

　作者が本願寺門徒の信仰に冷たい理由は、上下二巻の最後に付された「貴賤貧福前業による事」の一段を読めばわかる。「仏教」では貧福貴賤を前業（前世の行い）によると考えるから、主人を恨んだり他人に奪われて貧しくなったと思ったりせず、悪念悪行を離れ善根を積めと、まる一段を費やして長々と説いている。

　貧賤に生まれた者は貧賤のまま、恨まず嘆かず、己に可能な善根を積むべきだとする作者にとって、本願寺の教義は信徒を悪念悪行に陥らせる悪しき教えにすぎないだろう。悪人女人が悪人女人のままで極楽往生できると言われても、そんなものは「仏教」ではない、蜘蛛や蚯蚓が信じているだけだとしか思えなかったに相違ない。

　作者の「仏教」は貴であり福である人々のものだが、百姓にとっても旧来の仏教は異世界であった。一揆は平泉寺を焼き、「大名坊主達」の首を鎌ではねる。「坊主ども」に「過分の所領」を取らせるのは無益だと言い、「歯に血を付て」焼き討ちを主張したとは、野卑な笑い声まで聞こえてくるようである。

『信長公記』――竹槍集団の恐怖

『信長公記』は信長の一代記で、信長に仕えた太田牛一がその栄光を讃えるために著した。『信長記』とも言われるが、小瀬甫庵（おぜほあん）『信長記（しんちょうき）』との混同を避けるため、ここでは太田牛一の著作を『信長公記』、小瀬甫庵の著作を『甫庵信長記』と表記することにする。

歴史学は当事者がその出来事の時点で記した文書や書状を重用し、当事者以外の者が後日に作った編纂物は避けるものだが、本書は文書等によって内容の正確さが立証され、例外的に第一級の史料とされている。

一揆については、「等」と同じく軽侮の意を含む接尾語を付加した「一揆ども」の例が少々あるだけで、ほとんどは単に「一揆」だが、見下す思いは各所にうかがわれる。

たとえば、信長が野田・福島攻撃を止めて京都へ急行する場面には、こうある。

一揆蜂起せしめ、渡りの舟を隠し置き、通路自由ならず。稲麻竹葦（とうまちくい）なんどの如く、過半竹鑓（たけやり）を持って、江口川の向いを大坂堤へ付いて喚き叫ぶといえども、異なる事なし。信長公川の上下（かみしも）懸けまわし御覧じ、馬を打ち入れ、川を渡すべきの旨、御下知の間、悉く乗り入れ候（そうろう）の処、思ひの外、川浅く候て、かち渡りに雑兵難なく打ち越し候。九月二十三日、公方様供奉（ぼうぐぶ）なされ御帰洛。次日より江口の渡り、かちわたりには中々ならず候。爰（ここ）を以て江口近辺の上下万民の者、奇特（きどく）不思議の思いをなす事なり。

一揆は江口川の船を隠されたため、信長は急流を前に立ち止まらざるを得なかった。一揆は大群だが、竹槍を持って喚き叫ぶだけだから「異なる事なし」（どういうことはない）。信長が自ら馬を駆り、先頭に立って総軍に渡河を命じたところ、意外にも川は浅く、雑兵まで「難なく」渡ることができた。その翌日から水量が増して徒渉不能となったので、江口近辺の人々は「奇特不思議」と感嘆したという。

危機一髪の認識があるからこそ、神仏の恵みに感謝する「奇特不思議」の語が出たはずだが、その割には、どうということはない、簡単だったと繰り返している。

武士たちの恐怖とうらはらに、実は一揆の大半が竹槍しか持っていなかった。島原天草一揆でも一揆の持つ槍はだいたいが片刃で、中には小脇差（こわきざし）を竹にはめ込み藤で巻いたものもあったという（『原史料で綴る天草島原の乱』１１６１番史料）。

島原天草一揆といえば、近所の山に上った一揆が毎夜領主方の城壁の下にやって来て、喚き立てたという（同０３１４番史料）。現代の取り立て屋が大声を威嚇の具とするように、武装の整わない一揆ならではの戦法があったのかもしれない。

一〇月には近江の「大坂門家（もんけ）」の一揆が尾張・美濃間の交通を遮断したが、「百姓等」ゆえ

「物の数にて員ならず」（頭数ばかり多くて役に立たない）、木下藤吉郎らが討伐し、信長のいる志賀への道を「異儀なく」（どうということなく）押し通った。しかし、こうした状況を見澄まして長島でも一揆が蜂起し、信長の弟の信興は一揆の手にかかるのを無念として、小木江城の天守へ上り切腹したという。

長島は水上交通の要所で、本願寺の一族寺院を核として「学文無智」な「佞人・凶徒」が贅沢に暮らし、砦を構えて領主の命に従わず、罪人を隠匿し、土地を押領するなど悪事を重ねた。そこで信興が小木江城に入ったが、逆に自害に追い込まれたというのである。

一揆は国を超えた連携プレーまでする。信長讃頌のためには相手が強敵だったことを記録したいが、天下の信長が百姓を相手に真剣勝負をしたとは書きたくない。二つの気持ちの間で揺れながら、作者は矛盾する文章を綴り続けた。

「新門跡大坂退出の次第」――「水上の御堂」の繁栄

元亀元年九月、本願寺が鐘を撞いたので人が集まったと『細川両家記』が書いた部分を、本書は巻三で、

夜中に手を出し、ろうの岸（楼の岸）・川口両所の御取出（砦）へ大坂より鉄砲を打ち入れ、

一揆蜂起候といえども、異る子細なく候。

とした。本願寺が蜂起を命じたとは書いていない。他の箇所でも、江州（ごうしゅう）の大坂門家の者が「一揆をおこし」た、長島で「一揆蜂起候いて」など、門徒の自主的蜂起と読める書き方をしている。

だが、本願寺以外の者が主語となる場面では、自主的蜂起でないと明記した例が見出せる。元亀元年五月一九日に浅井長政が「市原の郷一揆を催し」た、同六月四日に佐々木承禎（じょうてい）父子が「江州南郡所々一揆を催し」たなどの例は、領主が領民に命じて一揆を起こさせたという意味であろう。

また、本願寺門徒の一揆でも、本願寺が一揆を起こさせたとする二例がある。巻一三「天正八年庚辰八月二日　新門跡（しんもんぜき）大坂退出の次第」の中に、「長袖の身ながら一揆蜂起せしめ」た（僧侶なのに一揆を蜂起させた）、「即時に一揆を催し」たとあるのがそれである。

「長袖の身ながら一揆蜂起せしめ」は、巻三の「夜中に手を出し〜」と同じ一揆を指す。巻三では自主的な蜂起のように書いたのに、巻一三では顕如が蜂起させたとするのである。巻一三の方は、「信長公」が野田・福島（の三好氏）を攻撃したので、顕如はこれらが落されれば次は「大坂」がやられると考えて、僧侶の身ながら一揆を蜂起させ、信長に先制攻撃をかけさせたという文脈である。

実は巻一三の「新門跡大坂退出の次第」自体が『信長公記』の中で特殊なのである。本書の他の部分とまったく異なる美文で、千字ほどの長さがあり、天正八年四月に顕如が去った後も籠城を続けた「新門跡」教如の八月二日の退出について記したものである。

最初に、本願寺受け取りの任に当たった勅使と、信長より加えられた使者の名を列記し、次いで本願寺の立地を「抑も大坂はおよそ日本一の境地なり」という高い調子で説明する。

奈良・堺・京都に近く、淀・鳥羽から城の入口まで船でじかに往来できる。北は賀茂川・白川・桂川・淀川・宇治川、さらに先には中津川・吹田川・江口川・神崎川が流れ、東南は二上山・竜田山・生駒山・飯盛山を仰ぎ、麓には道明寺川・大和川や新開の掘、竜田川が流れ合う。東・南・北は多数の河川が渺々と水を湛え、西は滄海漫々として、日本はもちろん、唐土・高麗・南蛮の船が海上に出入りし、五畿七道が集る。この「売買利潤富貴の湊」に近国の門徒が馳せ集まり、加賀国から城造りの職人を呼び寄せて八町四方に構えをこしらえ、中央の高地に「一流水上の御堂」を「こうこう」（煌々？・浩々？）と建立したという（図4）。

大阪は今も水の都と呼ばれるが、秀吉が城下町を造成するまでは、広大な湿地帯に上町台地が岬のごとく突き出していた。その岬の北端に「一流」（本願寺門徒の自称）の者たちが壮大な「水上の御堂」を築き、国内はもちろん「唐土・高麗・南蛮」からの貿易船を集めた。作者は

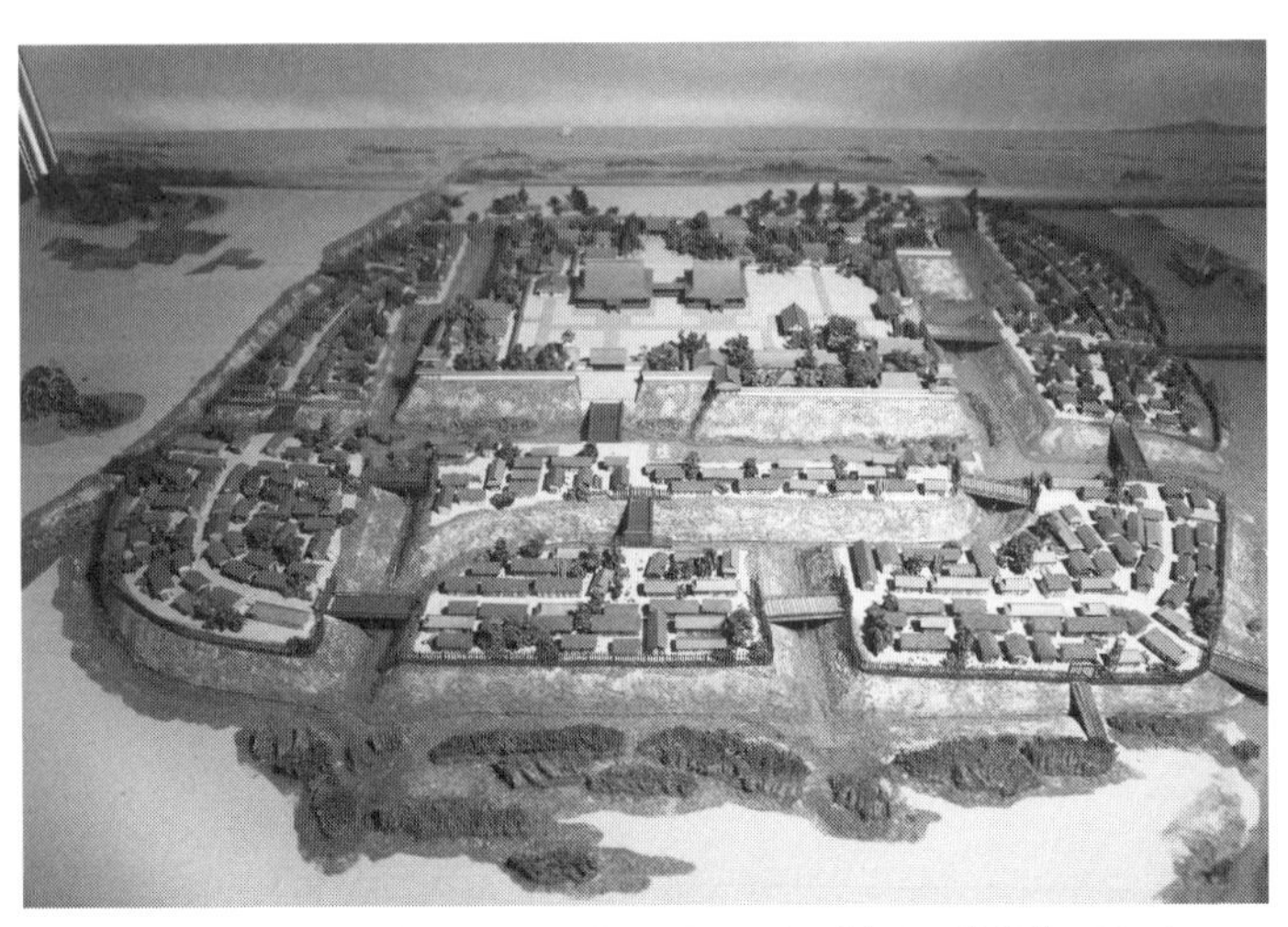

図４　本願寺立体模型。川や堀に囲まれた「水上の御堂」である。
（難波別院蔵）

そのさまを、水に縁のある「一蓮托生（いちれんたくしょう）」や「弘誓（ぐぜい）の舟」（仏菩薩が人々を苦から救って彼岸に送ること）といった仏教語を使って誇り高く歌い上げた。この文章は明らかに批判や侮蔑ではない。

「大坂」は治者が治世を支援してもらうために造った寺ではなく、近国の門徒が馳せ集まり、はるばる加賀から「一流」仲間の職人を呼び寄せて造った、被治者たちの数の力で成り立つ寺であった。城造りの職人はもっと近場にもいるはずだが、大坂近辺の門徒は加賀の門徒とじかに結びついていた。

南蛮船が弘誓の舟と舷（ふなばた）を並べ、商人や人夫や女の嬌声のかまびすしい「売買利潤富貴の湊」が、聖なる「水上の御堂」と一体化している。作者はそれを「仏法繁昌の霊地」と呼んだ。本願寺門徒を人外の存在と見なさず、その信仰を「仏法」の範疇に入れるのである。もっとも、天正六年（一五七八）一一月九日条では、「だいうす門徒」の高山右近が「仏法繁昌すべき」道を進むため、人質を見殺しにして織田方についたと書いているから、作者の「仏法」がキリスト教まで含む広いものであったことには留意しなければならない。

実は、この「新門跡大坂退出の次第」は『信長公記』執筆以前、教如退城から間もない時期に、作者が本願寺（教如派）に依頼されて書いたもので、後に『信長公記』に採り入れられたと推定されている。作者はその時点では信長に仕えていたはずだが、和睦後、教如と織田方の武士たちは関係を急速に修復させていた。

本願寺が一揆を蜂起させたとする二つの例外的表現は、徹底抗戦を主張した教如派の意向を汲んだのであろう。本願寺が門徒に戦闘を命じてきた歴史を記してほしいと依頼者が願うなら、その願いを活かすのが文筆業者の腕というものである。

当の本願寺が一揆蜂起を誇っているのだから、『信長公記』のこれ以外の部分でも、本願寺が蜂起を命じたと書いて悪いはずはない。それなのに自主的な蜂起のように書き通したのは、作者が本願寺と一揆の関係を、領主と領民の間の命令と服従の関係とは異なるものとして捉えていたということであろう。本願寺が命じ、門徒が蜂起した場合でも、作者は門徒自身が、大坂の命に従い蜂起する道を選択したと考えたのである。

本願寺の阿弥陀を信じる百姓が自らの判断で蜂起する

『細川両家記』『越州軍記』『信長公記』といった同時代の軍記が、本願寺門徒の一揆をどのように見ていたかといえば、第一に、本願寺といえば一揆、それも百姓（商人や手工業者を含む、被支配階級の人々）の一揆と見なしていた。伝統的に寺院は治者の側に在ったが、本願寺は百姓が自らの力で造った寺で、彼らの蜂起を抑えるどころか、大将を送り込んだり、自ら一揆を命じたりする特殊な寺院であった。

史実上は本願寺には武士門徒もいて、後述の三河一揆はまさにそこが問題となった。また、顕如の母は公家の庭田重親（にわたしげちか）の女（むすめ）、妻の如春尼（にょしゅんに）は同じく公家の三条公頼（きんより）の女、如春尼の二人の姉は細川晴元・武田信玄の妻であった。本願寺は公家・武家と姻戚関係まであったのに、軍記の作者たちには本願寺は百姓の寺、本願寺教団は一揆する宗門にしか見えない。

軍記は武士が武士のために作る書物だから、通常は百姓を描かない。百姓がその場にいたに違いない場面でも、武士に興味を集中させる。武士が戦略上在家に火を掛ける記事は山ほどあるが、百姓が焼け出されない平和な世を作ろうなどとは決して書かない。

それなのに三部の軍記は百姓の一揆に軽侮の念を示しつつ、あえて紙数を費やした。武士同士の激烈な戦いを日常茶飯事のように描く軍記が、一揆に危機感を表出するさまは注目に値する。

第二に、どの軍記も阿弥陀信仰の徒の一揆であることに言及している。軍記が信仰の内容を書くのも極めて珍しい。『越州軍記』は平泉寺や豊原寺、『信長公記』は比叡山・根来寺等の壊滅を記しながら、それらの寺の教義や信仰に触れていない。仏力で支援してもらえることさえわかっていれば、あとは寺僧任せでよいのである。

阿弥陀信仰は各宗に存在するが、本願寺門徒のそれは阿弥陀信仰と端的に指摘できる阿弥陀信仰で、他の神仏への信仰を一切含まない。また、本願寺以外の阿弥陀如来を焼くのを躊躇せず、どこに住んでいても本願寺門徒としての自覚に満ちていて、本願寺を唯一の本山としていただいている。

第三に、軍記は本願寺門徒が自主的に一揆を起こしたと考え、本願寺が命じたとわかっている場合にも、門徒が本願寺の命に従うことを自ら決したと受け止めている。

本願寺門徒の蜂起の理由について、『細川両家記』は大名の依頼を受けた本願寺の命によって摂津・河内・和泉の門徒が蜂起したとする。『越州軍記』は加賀・越前の門徒が土地支配や農業経営を自ら行おうとしたとする。『信長公記』の「新門跡大坂退出の次第」は、本願寺が信長の攻撃から自らを守るため、諸国の門徒に一揆を命じたとする。

軍記は戦う理由を考察しないのが通例である。大名でも在地領主でも、領主たるものは土地の取り合いをするもの、他の領主の土地を切り取ろうとするものという前提があるので、「取り合う」「切り取る」で済ませてしまう。大義名分を記す場合でも、建前とわかる書き方をする。ここでも作者たちが一揆の戦いを武士同士の戦いと異質なものと捉えているのがわかる。

総じて言えば、軍記の作者たちは本願寺門徒の一揆を、本願寺の阿弥陀如来を信じる各国の百姓が自身の判断で蜂起したものと受け止めていた。当たり前のことはわざわざ書かないから、これらは当時として当たり前ではなかったのである。もちろん、関心の中心は一揆の強さや激しさ、組織性にあって、それ以外のことは大々的には描いていないが、三部が三部とも言及していることを軽視してはならない。

御文の教え

阿弥陀如来に後世の安穏を祈る人々が、一揆を起こし人を殺す。特に越前では現世的欲望達成のための一揆であったという。

現代人には呑み込みにくいところもあるが、同時代の軍記は、阿弥陀信仰と一揆蜂起のあいだに関連性を見出そうともしなければ、違和感を表明することもない。「百姓は阿弥陀如来を信じているので、殺されることを恐れない」「坊主が門徒に、退く者は地獄に堕ちると教えた」など解釈を施し始めるのは、一七世紀半ば以降である。

それもそのはずで、兵農分離、僧俗分離以前の寺院は世俗と隔絶していないどころか、国や地方の政治・経済と強いつながりを持ち、武力を蓄えていた。戦乱の世には、寺領を守るにせよ、年貢を取り立てるにせよ、自前の武力が必須である。延暦寺根本中堂には薬師如来や日光・月光菩薩、平泉寺には阿弥陀如来や十一面観音が安置されるが、仏菩薩の種類によって武力行使の可否があるわけではない。

寺院が政治と関り、武力を持つことに、作者たちは疑問を抱かなかった。ただ、その武力が地方の百姓の一揆であるとか、本山が現地に一揆の大将を送り込むとかいうのは、本願寺に特徴的だったから、くどいほどに書き留めた。寺院の武力が寺内に養う専業の武人ではなく、諸国の百姓の一揆であれば、頭数は無限に大きくなる道理で、実際に武士たちは何よりもその人数に圧倒されている。

『細川両家記』は蓮如の御文を読む人々を視界に捉えていたが、御文では寄り合って談合することの重要性が繰り返し説かれる。

> 自分の信心について何度でも人に尋ねなさい。ひととおり聴聞しただけでは、必ず誤りがあるものだ（『五帖御文』第四帖第七通）。信心の次第をよくわかっている人に尋ね、自分が信心決定したら、それを弟子にも教えて、もろともに往生を遂げられるようにしなさい（同第一帖第一通）。

「智慧もいらず、才学もいらず、富貴も貧窮もいらず、善人も悪人もいらず、男子も女人も

図5　談合・会食

長老格が同行の不審に答える「御示談」（上）と、報恩講の御斎（下）

（写真撮影・提供：西山郷史氏）

いらず」（同第二帖第七通）、誰でも往生できるが、「人数おおくあつまり」（同第四帖第五通）語り合わないかぎり、正しい信仰は得られない。

本願寺門徒は自らの生死の主人公となって、考えや行いを決するよう求められていた。善根を積む必要はないけれども、自ら会合に出席し、自ら聴き、自ら語る主体性・能動性を欠いては往生できないのである（図5）。

御文にはまた、毎月二度の寄合（よりあい）が信仰以外の「酒・飯・茶」ばかりになってはいけないと戒めたり（同第四帖第一二通）、守護や地頭に逆らわず年貢等をきちんと支払うよう求めたり（同第三帖第一〇通）するものがある。こういう御文を発するからには、蓮如は寄合で年貢未進の行動などについても話し合われていると知っていたはずである。

栄玄（えいげん）という加賀門徒の記録によれば、蓮如は「各在所の上層の三人を本願寺門徒にできれば、みな門徒にできる」むねを語ったという。村の指導者層は自分や家族だけでなく、村中の全員を往生させようとすると蓮如は見込んでいたし、実際にそうなった。

水や山林の管理など、農業経営は村がかりでないとできない。村の寄合が全員一致で決まり、全員によって実行されたように、往生もまた全員の合意のうえで、全員で実現すべきものであったのだろう。

聖俗にわたるさまざまな事項について、談合して結論を出すことに慣れていて、志を一致させ組織的行動をとる百姓の大集団ができあがるのは、けだし当然であった。

第三章　『甫庵信長記』と元和・寛永期の軍記（1610〜1660年ごろ）

『甫庵信長記』――創業から守成へ

中世の書物はほとんど全部が写本である。読みたい人は持ち主と人間関係を作り、頼んで見せてもらわなければならない。手元に置きたければ持ち主の許可を得たうえで、自分で一文字ずつ写すか、人を頼んで写してもらう。読書はごく限られた人の特権であった。

江戸時代に入って戦乱がおさまると、印刷された書物が本屋で売られるようになった。版画のように板に文字を浮き彫りにして和紙に刷り、糸で綴じた整板本（せいはん）である。板木（はんぎ）を彫るには大金を要するが、一度彫ってしまえば、本屋（江戸時代の本屋は出版と小売りを兼ねることが多い）はそれを財産として蔵に蓄え、何度でも印刷できた。書物を購入する金と、読みこなす知識さえあれば、誰でも読書ができる。書物は高価で、識字力も農村部では明治半ばでも五割を割り込んでいたが、時代の経過とともに商業出版が全国へ波及し、読者数が激増した。

写本から整板本への移行の過渡期に出版されたのが、木製の活字による古活字本である。性格的にも写本と板本の間に位置していて、後陽成天皇の慶長勅版、徳川家康の伏見版のように、権力者が特別に縁のある少数者に下賜・配布する本であった。

小瀬甫庵の『信長記』（本書では『信長公記』との混乱を避けるため『甫庵信長記』とする）は『信長公記』の遺漏を正すものとして書かれ、慶長一六年（一六一一）かその翌年に古活字本となった。

甫庵は加賀前田家に仕えていたころ、藩の支援を受けて秀吉伝の『太閤記』を作った。『甫庵信長記』の方は成立の事情が明らかになっていないが、やはり特定の人の読む書物として作られたものなのだろう。自序はずいぶんと権威的で、史書が治国・平天下の道に暗く、「乱臣・賊子（親不孝な子）」と「忠臣・孝子」の別もつけないのは遺憾と言い切っている。

修身・斉家・治国・平天下とは、まず自分の行ないを正しくし、家庭をととのえ、国を治め、最終的に天下を平和にすべきであるという儒学の教えである。時代は創業から守成に向かい、儒者が腕を振るい始めていた。

甫庵も軍学者にして儒者であった。儒学的聖人の道を説くための書物を作るとなれば、本当に伝えるべきことは個々の事実ではない。甫庵は信長をことさらに強く大きく描出して、強者・勝者に学びたいと願う少数の読者の要望に応えた。

いきおい一揆蔑視は露骨になった。『信長公記』が単に「一揆」としていたところを、蔑称付きの「一揆ども」「一揆ばら」（「ばら」も敬意を欠く接尾語）に言い替える。近江の合戦では秀吉らが一揆に勝利したことのみを書き、交通を遮断されたことは書かない。長島での織田勢の敗戦や信興自害は、話自体を丸ごとカットする。天下の「信長卿」が「民の一揆」と真剣に対峙したことさえ認めがたいのであろう。

『太閤記』の方には本願寺門徒以外の一揆も登場するが、作者はことさらに侮って、一揆とは一度崩れればあとは逃げ走るだけだと言い（巻八「肥後一揆蜂起佐々退治之事」）、陣容がばらばらで大将の下知（げじ）の届ききらぬさまを「一揆勢のごとし」と評した（巻九「池田勝入父子討死之事」）。大名とその軍勢しか相手にしていない書き方である。

一揆征伐は万民のため

『信長公記』には、長島の大鳥居（おおとりい）城から脱出を図った「男女千人」ほどを切り捨てる記事があるが、甫庵は信長が「男女二千人」を斬らせ、その耳鼻をそいで船一艘に入れ城中へ送らせたとした。しかし、本願寺門徒以外の一揆は軽侮するだけで、特段の苛烈さは見せていない（『太閤記』でも同じ）。

もっとも、甫庵はまた、信長が柴田勝家による一揆勢殺戮の報に驚喜し、武井夕庵に「武」や「刑」よりも「文」や「礼」を重んじるよう諫言される話を加筆した。天下一統の偉業に賛辞を惜しまないが、治まった状態を永続させるため「文」や「礼」をより重視する。

もちろん、治者の地位の安定化に「文」や「礼」が必要なのであって、殺される「民」の身になって殺すなと言っているのではない。書物の著者が民の立場から信長や勝家を描くようになるのは、まだずっと先である。

作者はあるべき治者像を追求した。「長島一揆」が近隣に矢銭（軍用金）をかけて「万民を悩す」ので、信長が「征伐」したという。「越前・加賀、両国の一揆」も「誅罰」したとするから、やはり何かしら悪事をなしたので皆殺しにしたというのであろう。「万民」を救うため「民の一揆」を殺戮する救世主信長像は、儒者の著した本書において呱々の声を上げた。

作者はまた、「信長公の幕下に属」せとの勅命を受けた本願寺が、開城を決める評定の場面を創作し、坊官の下間頼廉・仲之に長い演説をさせた。それによれば、開城すべき理由の第一は、「国々の門徒」が本願寺を支えようとして方々で「一揆を起し」、命を落としていること、第二は大坂籠城者が飢死にしかけていること、第三は大坂は要害の地で、立て籠もる諸卒も「一向に弥陀の本願を頼んで一致」しているので、これまで維持できたが、天魔破旬も及び難い信長公には籠城を続けても勝利が見込めないこと、の三点である。

本願寺門徒は本願寺を守るため一揆を起こし、命を捨てる。悪事を働く諸国の門徒が本願寺をいただいて「一致」するのであれば、天下を治めようとする者が本願寺を掃討しないわけにはいかないはずである。

最後に、本書が「一向宗」の語を用いた最初の軍記であることを指摘しておきたい。『信長公記』が長島の「本願寺念仏修行」としたところを、わざわざ「一向宗修行」に書き替えているのだが、そのように書き換えた理由は不明である。

『三河物語』――家康と一揆の死闘

一揆との闘争を描きながら、本願寺門徒の「一揆」に軽侮の意を籠めない書物も例外的には存在する。家康の旗本(はたもと)であった大久保彦左衛門忠教(おおくぼひこざえもんただたか)が、寛永二年(一六二五)に子孫のために作った『三河物語』(みかわものがたり)である。

本願寺が初めて信長に抗した元亀元年(一五七〇)より七年ほど前、永禄六年(一五六三)から翌七年にかけて、西三河の「三河三ヶ寺」(本証寺(ほんしょうじ)・上宮寺(じょうぐうじ)・勝鬘寺(しょうまんじ))や本願寺親族の寺院である本宗寺(ほんしゅうじ)に、家康家臣の本願寺門徒が立て籠もり、主君の家康と戦った。本願寺や信長の関与しない、三河国内での事件である。

大久保一族が家康に忠義を尽した証拠とするためだろう、作者はこの事件を詳記した。

本書によれば、本証寺に逃げ込んだ悪者を追って守護使（領主である家康の使者）が「寺内」へ押し入ったことから、「門徒衆」の「一騎」（作者は「一揆」をこう書く）となった。彼らは今川方の義締（吉良義昭）を「御主」に押し立てて家康の「御敵と成」り、家康の妹婿の荒河殿（荒川義広）や松平監物・坂井将監も「逆心」「別心」を抱いた。東三河はもとより今川方なので、家康は窮地に立たされたという。

平安時代から荘園には不輸不入といって、租税徴収権や国司の使者の立ち入りを拒否する権利が与えられることがあった。三ヶ寺にはその流れを汲む守護使不入権（寺内特権）があり、領主が立ち入って犯罪人を捕えたり、税を取り立てたりできないはずなのに、家康方がこれを破ったため事が起きたというわけである。

本証寺には現在でも堀や土塁が残り、城塞のような大坊の往時の姿をしのぶことができる。そうした寺々に拠って戦う「門徒衆」を、作者は武士として描いた。

上宮寺に楯籠もったのは倉地平左衛門尉など一三名（全員の名字と官途名を記す）と、ほかに百余騎、小侍共（身分のひくい武士たち）は際限ないほど。本宗寺には三七名（全員の名字と官途名）と、ほかに七、八〇騎、小侍共百余。そんな調子で名簿を作るように作者は人名を連ねている。名字と官途名が載るのは計九九名、中には本田弥八郎（本多正信）、渡辺半蔵（守綱）、八屋半之丞（蜂屋貞次）などの名も見える。

寺方の名簿に続く「御味方之衆」、すなわち家康側の九五名には、「是は此時打死」「是も此時打死」といった注記が散見する。家康自身も槍を振るって「敵」と戦ったという。これではほとんど内戦ではないか。

激戦の末に家康は「寺内」を「前々のごとく」立て置くと「きせう」（起請）し、一揆が受け容れて武装解除するや、「はやみだれ入」って「寺内」を破却した。吉良義昭は上方で牢人となり、やがて討死した。家康は「一向宗」に「宗旨」を変えよと命じ、約束が違うと詰め寄られると、「前々は野原なれば、前々のごとく野原にせよ」と言い放った。改宗を拒んだ坊主衆は国外へ逃亡し、門徒には赦された者もあったが、「東え行衆も有、西国え行衆も有、北国え行衆も有」、大草の松平七郎（昌久）に至っては「何方え行共しらず」であったとして落着する。

家康が寺内を前々のとおりにするという詐言を用いた一件は、後世の軍記では記されなくなるが、作者は堂々と書き記した。一揆をそれほどの強敵であったと認識し、今川氏などの武将と同様に「敵」と呼んで、軽侮の対象としない。

作者はこの戦いを領主と本願寺門徒の「寺内」をめぐる争いと理解した。家康は旧慣を破って国内のすべてを我が支配下に置こうとし、本願寺門徒は主君の敵の今川方と結んでまでも、領主の力の及ばない「寺内」を守ろうとする。天下を統べるには、軍事力でも詐言でも持てる力を総動員して、自治にこだわる者たちを倒さねばならない。この一揆を下した後、作者は今川の影響下にある東三河を家康が攻略する物語に筆を転じる。

本書を母胎として『三河記』『三河一向宗乱記』などの書物が生まれたが、徳川政権下において、若き日の家康とその家臣団の内戦の話を流布させられるはずもない。それらは禁書とされ、写本で密かに広まるのみであった。本願寺門徒には名のある武士たちがいて、彼らの一揆も起きていたのだが、信長伝などの軍記には採り入れられにくかったのである。

『勢州軍記』――悪逆の男女

本願寺門徒と信長の戦いに話を戻す。

勇戦と忠節を書き残して後世に備えようという動きは伊勢でも起きていた。神戸政房は『甫庵信長記』に描かれた伊勢国司北畠氏の戦いが事実と異なるとして覚書を認め、子息の良政はそれをもとにして、寛永一一年（一六三四）以降に『勢州軍記』を編んだ。同一五年、これを要約した『勢州兵乱記』が紀州徳川家初代徳川頼宣に献上されている。

> 元亀元年秋、摂州大坂門跡の謀叛により、一向宗の僧徒諸国に出張す。爰に北伊勢長島近辺島々の海賊これに属し、難所を抱えて一揆を発す。男は退くべからざるの誓いを立て、女は歎くべからざるの誓いを立て、心を弥陀の本願に入れ、更に命を失うことを悲しまず、

征伐を恐れず、諸島を押領して悪逆を企つ。（中略）一揆等その志一致して亡じ難きものなり。

「大坂門跡」（顕如）が「謀叛」を決すると、「一向宗」僧が諸国に散ってその意を伝えた。長島で漁業や海運業に従事していた「海賊」もこれに応じて一揆を起こし、男は戦場で退かないこと、女は父や夫や息子を失っても嘆かないことを誓った。阿弥陀如来を信じて死を悲しまず、領主による征伐など歯牙にも掛けない者たちであったという。

かつて『細川両家記』は女性も加わって堀を埋めたと記した。『信長公記』や『越州軍記』は一揆の妻子も殺されたとし、本書もまた女性に言及している。

本願寺門徒は男女を問わず「悪」にして「逆」（主君に背くこと）だ、本願寺住職の指令を受けるや、ためらわず「謀叛」を実行に移したと酷評している。『越州軍記』と逆に阿弥陀信仰を問題の中核に据えて、現世より来世、領主より本願寺住職を上に置く者たちが一枚岩の集団を形成していたと、作者は解釈したのである。

『新撰信長記』――「かんじき」を履く一揆

寛永一四年（一六三七）一〇月、島原天草一揆（島原の乱）が勃発した。信仰を捨てたはずのキリシタンが重税と飢饉に苦しみ、キリシタンに立ち帰ると称し蜂起して、幕府軍を相手に四ヶ月も籠城したのである。「一揆」は城内から石つぶてを撃ち、煎った砂や灰を浴びせかけ、塀に取り付いた寄手を「鉈長刀」（棒の先に鉈を取り付けた物か）で切るという、「珍敷」戦い（『原史料で綴る天草島原の乱』０９５１番史料）を繰り広げた。

熊本藩主細川忠利は、将軍家光が「昔の一向宗のごとく」長崎まで広がりかねないと案じた旨を記している（同０２８０番史料）。キリシタンの一揆と聞けば本願寺門徒の一揆に連想を走らせ、広域性を危惧するのが、このころの幕府の感性であった。

鎮定のために江戸から派遣された板倉重昌は高名な武人だが、一揆の鉄砲に撃たれて落命し、老中松平信綱が自ら現地に赴いてやっと制圧した。戦後の討伐は苛烈を極め、人口減少で四万石の半分が亡所（年貢が取れない土地）になったほどである。

板倉重昌の兄の重宗が『新撰信長記』を著したのは、一揆から数年後と推定されている。重宗は家康に重用され、当時は京都所司代であった。

松平忠房（譜代大名。後に島原藩主となる）の『増補信長記』によれば、重宗は近江の一老僧に信長の戦功を語らせ、『新撰信長記』にまとめたという。確かに『新撰信長記』は近江やその隣国越前の出来事に詳しい。信長の事跡を語り聞かせた人物が一揆の盛んな近江や越前に詳しかったから、一揆について詳述することになったのか、一揆に関心が深かったからそういう語り手に巡り会ったのか、いずれにしても一揆に関する記述が多い。

たとえば、信長は朝倉義景の旧臣で信長に降伏した桜田（史実は桂田）・富田ら三人を取り立て、越前を治めさせたが、三人はおごり高ぶり、龍門寺《りゅうもんじ》という者を殺すなど（『越州軍記』では富田の居城が龍門寺城、殺されたのは魚住景固《うおずみかげかた》）、理不尽な行為を繰り返したため、天正二年正月に「越前の侍ども」が「一揆を催」した。彼らは「大坂けんよ（顕如）上人」に願い出て下間筑後守を下してもらい、八千余騎で桜田の居城を取り巻いた。

　一揆の者共かんじきをかけ、万ず雪の用意をしたり。城中には左様の仕度もあらざれば、出で合いて防事《ふせぐ》も成らずして、早速城を乗り取られ、我先にとおちゆくを追い打つ程に、

一揆は「かんじき」を履いて雪中を駆け回り、足が凍えて動けない城兵をたやすく追い落として、桜田の首を刎ね、旧主義景の供養ができたと喜んだ。義景の自害は八月二〇日、三人が討たれたのは一一月二〇日であった。

本書はこの一件を「天の攻（責め）をこうむりし因果のほどこそ懼《おそろ》しけれ」の一文で結んだ。主人を裏切った三人が三ヶ月後の同じ日に討たれた。一揆は天意を代行する。恐ろしくないはずがない。

だが、そのすぐ後で、作者は信長が羽柴筑前守を「一揆退治」に向かわせたと記した。他に「越前一揆御退治」や「加賀国をも退治」する場面もある。「退治」の語は他には浅井長政が世上坊（宮部継潤。長政家臣だったが裏切った）を討つ場面など、わずかしか出ない。作者は一揆を「侍ども」として武士的性格を認めるが、一揆と一般の武士では扱いを変えていた。

近江の一揆（元亀二年箕浦合戦）では、作者はその組織力に注目した。浅井長政が伊香郡・浅井郡・坂田郡での蜂起を依頼すると、「大坂賢如（顕如）上人」の命を受けた「坊主衆」が「即時に一揆を起し」たという。

箕浦の誓願寺四千二百余騎、先立って押し寄する。新庄の金光寺二千余騎、榎木の常願寺千五百騎、上坂順慶寺五百余騎、ユスキの誓願寺二千余騎、木本の新敬坊未又右衛門尉にて五百余騎、何れも後備にぞ扣えたる。尊勝寺・称名寺二千余騎、益田の真宗寺三千余騎、唐川の長照寺八百余騎にて三番備に扣えたり。長沢の福田寺四千余騎にて同勢也。下坂の福照寺三千二百余騎にて後陣に備えたり。（中略）秀吉卿は一揆の奴原を皆下坂表の海へ追い込み、鵜をつかうようにして切り捨て玉ふに、千八百余の耳鼻をそぎ、岐阜へ被進、箕浦誓願寺の率いる四二〇〇余騎が「先立」ち、新庄金光寺など五ヶ寺の六五〇〇余騎が「後備」、尊勝寺など四ヶ寺の九八〇〇余騎が「三番備」、下坂福照寺の三二〇〇余騎が「後陣」をなした。しかし秀吉は「一揆の奴原」を琵琶湖に追い込んで、鵜飼いが鵜を使うようにして切り捨て、一八〇〇人余りの耳鼻をそいで岐阜城の信長に送ったという。

この場面は、松平忠房の『増補信長記』では先鋒・次・遊軍・後陣、幕府の修史事業で編纂された『本朝通鑑』では先登・次・遊軍・後陣として整理されていく。幕府の中枢にある者たちがどこに目を付けて軍記を読んでいたか、推し量られようというものである。

なお、『増補信長記』はこの『新撰信長記』を丸取りしながら、「一揆ども」「一揆ばら」を丹念に「賊徒」「凶徒」「凶賊」「邪徒」、あるいは「本願寺の賊」「大坂の賊兵」などに置き換えた。恐るべき「賊」への憎悪が丸出しになっている。

ただ、『新撰信長記』の記述に疑問が湧かないではない。桜田は桂田の誤りで、三人が同じ日に討たれたのではなく、まず富田が桂田を討ち、富田滅亡後に下間筑後守頼照が派遣されたことがわかっている。また、中央派遣の進駐軍が地元のゲリラの痛撃を受けたかに読めるが、元来越前の住人である桂田らに雪の知識がないとは考えにくい。近江の一揆は総勢二万数千騎の整然たる組織図だけが描かれ、総大将の名前がない。

近江出身の語り手にはかなりの誤解や記憶違いがあったようだが、重宗は本山に大将派遣を願い出る一揆の主体性や、土地に根付いた者ならではの知恵や行動力、越前と大坂、大坂と近江を直結させる広域性、江北という広い範囲で瞬時に構築される組織性など、本願寺門徒の一揆の恐ろしさを詳細に書き記した。

実を言えば、板倉氏は松平氏（家康は永禄九年に徳川に改姓）に仕え、三河三ヶ寺の一である勝鬘寺の筆頭門徒であった。重宗の父勝重（かつしげ）は家康家臣として生きる道を選択し、重宗は寛永九年（一六三二）に菩提寺を曹洞宗の寺に移して、父勝重を初代とする霊屋（たまや）を建立したが、三河の板倉家は勝鬘寺門徒であり続けた。幕府の譜代の家臣には、そういう家がいくらもあったであろう（図6）。

図6　板倉利伊（勝重の兄）像
（岡崎市勝鬘寺蔵）

一揆をめぐる父の葛藤や、弟の討死を乗り越え、幕府の重鎮として生涯を送った重宗は、信長の人生から一揆の恐怖とそれへの対処を具体的に学び取ったのである。

一揆は謀叛

元和偃武（げんなえんぶ）という言葉がある（偃は伏せ

る、やめるの意）。慶長二〇年（一六一五）五月の大坂夏の陣で豊臣氏が滅び、七月には元和と改元されて、応仁の乱以来の長い戦乱が終わったことを讃える言葉である。

もはや支配者は徳川将軍一人しかいない。幕府は大名・旗本の諸家に系図や古文書を提出させ、諸家は競って徳川家への忠義の歴史を語った。儒者の林羅山（はやしらざん）らはそれらをもとにして『寛永諸家系図伝』を編纂し、寛永二〇年（一六四三）に将軍に献上した。

戦国乱世がさかんに振り返られ、軍記が量産されるが、作者・読者ともに限られた少数者であった。大名本人や、大名に己の著作を差し出せるほどの者が、先祖の武勲や徳川氏への貢献を力説し、戦国の世の教訓を与える。『甫庵信長記』は例外的に早く出版されたが、『三河物語』『勢州軍記』『新撰信長記』『増補信長記』は写本しかない。

幕府や大名の立場に身を置いて記録・分析するのだから、本願寺の蜂起は「謀叛」、各地の一揆は「征伐」「誅罰」「退治」すべき「悪逆」として把捉された。『増補信長記』のように「邪徒」「賊」といった呼称に拘泥する軍記も出て来る。

領主に従わなかった百姓や、主君に鉄砲を撃ちかけた武士を「逆」と呼ぶのはともかく、信長に抗した本願寺を「謀叛」と呼ぶのはどうかというところだが、この時期より後の軍記では信長への「謀叛」や「叛く」の表現が当たり前になる。

元和偃武を経て、この国にただ一人君臨する主君に向かって忠義の度を競ううちに、その感覚を信長にまで遡らせてしまう。一揆は本願寺門徒の一揆ならずとも軽侮されるものだが、本願寺やその門徒に対しては軽侮で終わらない。謀叛・悪逆の徒への憎悪が強く表出され、退治の対象という位置付けが明確になる。

とはいえ現実の本願寺は花の都で栄華を誇っている。西本願寺は秀吉、東本願寺は家康から寄進された土地に堂宇（どう）を建て並べ、慶長一六年（一六一二）には親鸞三五〇回忌を華々しく催行していた。特に東本願寺は家康の保護といい、美々しい新造の大伽藍といい、全国から坊主や門徒が上山して一通りの隆盛ではなかった。

軍記作者たちは本願寺に気を許してはならないと警告を発する仕事を己に課した。この後は各地の門徒集団が個別に抱えていた要求よりも、本願寺門徒としての通性を見ることに意を用い、彼らの信仰により注目するようになる。

第四章　寛文・延宝期の読み物的軍記（1660～1690年ごろ）

『足利季世記』――「一向一揆」の完敗

商業出版は町人にも読書の楽しみを与えた。寛文年間（一六六一～七三）の京都では、親鸞の生涯を描いたとうたう荒唐無稽な絵草紙（えぞうし）や浄瑠璃本が作られ、東本願寺が出版禁止に躍起になった。

それらは板木（はんぎ）に彫って印刷する整板本であった。江戸時代に出版された軍記や宗門書もほとんどがこの形なので、以後、刊本・板本（はんぽん）と言えば整板本を指すことにする（図7）。出版の盛行によって、軍記も軍事と治世の教科書ではおさまらなくなった。事実上は一介の事務官僚にすぎない武士たちまでが軍記の読者となり、面白くてためになる通俗歴史読み物を求めたのである。

『甫庵信長記』は最初の出版時点では古活字本であったが、整板本が流布したことで信長伝のスタンダードとなった。江戸時代に「信長記」と言えば『信長公記』でなく『甫庵信長記』を指す。信長と本願寺の戦いもこの書物を基準点として描かれ、万民のために邁進する信長が各地の「民の一揆」を征伐する図式の一般化につながった。

作者不詳の『足利季世記』は板本にならなかったが、『甫庵信長記』を駆使して作られた。寛文二年（一六六二）の『増補信長記』に引用されるので、それ以前の成立である。

図7　板木（上）と板木蔵（下）
（写真提供：法藏館）

> 此の門徒、学文と云う事なく、僧俗一向の文盲の愚人なれば、かように一揆を起し、本願寺上人の為に味方と成りて討たるる事、誠に成仏往生と悦び、弥よ一揆を起す事増りける。

この前後は『細川両家記』と『甫庵信長記』との貼り合わせだが、この部分は両書にないので、作者による増補であろう。細川方に「誅罰」された「一向宗」の門徒は「一向の文盲の愚人」（まったく文字の読めない愚か者）なので、一揆を起こし「本願寺上人」のために討たれれば往生できると信じきっていたという。

これ以外にも「一向宗」の僧俗を「一一に誅伐」した、「一向一揆方」が挟撃され「悉く打負」けたなど、「一向」の徒の弱さや惨めさに何度も言及している。『細川両家記』が本願寺門徒の一揆を「一揆衆」と呼んだのを承けて、本書も「一揆衆」だけで本願寺門徒の一揆を指すが、あえて一度だけ「一向一揆」としたのがこの完敗を言う一例である。現在知られている「一向一揆」の語の初出である。本書は「一向」の語に否定的な意味を強く持たせているのである。

もともと「一向」は否定的ニュアンスと結びつきやすい語であった。金龍静によれば、戦国期の古日記類では「まったくといってよいほどだめな」という意で使用されているといい、現代語でも「一向に進まない」「一向に上達しない」など文末に「ない」を要求する。

それにもかかわらず、いわゆる鎌倉新仏教関連の著作には、強い肯定の意を持たせた例が目につく。法然は「智者のふるまいをせずして、ただ一向に念仏すべし」（『一枚起請文』）、道元は「一向に坐禅弁道（修行を徹底完遂する）して、一知半解を心にとどむることなかれ」（『正法眼蔵随聞記』）と説いたとされ、親鸞の手紙にも「念仏往生の願を一向に信じてふたごころなきを、一向専修とは申すなり」（『末灯鈔』）と見える。

「一つのことがらに専念して他を考えない」（日本国語大辞典）態度は、現代では「ひたすら勉学に打ち込む」など高い評価を受ける場合があるにしても、中世には秩序を破壊する偏執として非難された。その非難を逆手に取って価値観を顚倒させ、念仏なり座禅なりに専念せよと断言する強さが、新しい仏教の魅力の一だったのであろう。

そうしたなかでも蓮如は特にこの語の使用に積極的であった。「一心一向（一向一心とも）」、阿弥陀如来を「一向にたのむ」、阿弥陀如来に「一向に帰命する」などといった特殊な表現や、「専修専念」「報恩謝徳」といった四字熟語のスローガンの頻用によって、仏教の救いの埒外に置かれてきた土民・百姓を熱狂させたのである。

文明五年（一四七三）ごろには蓮如門下の自称・他称として「一向宗」の名称が流布し、加賀で「一向宗」の土民が武士と戦ったという情報が都に届くありさまであった。蓮如は門徒が他宗を誹謗したり、阿弥陀如来以外の諸神諸仏を軽んじたりするのを禁じ、「一向宗」でなく親鸞の用いた「浄土真宗」を称するよう呼びかけた（『五帖御文』第一帖第一五通など）。

ただし、呼びかけが繰り返し行われているところをみると、その名を手放そうとしない門徒も相当数あったらしい。まもなく蓮如は、王法を表として信心は内心に秘めよ、それが当流の掟だ、守護・地頭を疎略にするなどした者は当流に置いておけないとまで言うようになるが

（同第三帖第一〇通など）、門徒の行動力は蓮如の禁止を超えていた。

したがって他称としての「一向宗」も消滅せず、戦国時代末までの文書・記録等に七〇例ほどが報告されている。半分はキリスト教の宣教師によるものだが、本願寺は彼らにとって最も警戒すべき敵の一だったのだから、その使用法は推して知るべし、残り三十余の日本人による使用例も、多くは社会秩序を乱すものとしての嫌悪感とともに用いられている。

『後太平記』――本願寺門徒は白犬だ

延宝五年（一六七七）刊行の『後太平記』によれば、元亀元年（一五七〇）、京都から野田・福島へ急ぐ信長に二八人が従った。彼らはもともと本願寺に味方していたが、このとき信長方に寝返ったという。

実はこれは『甫庵信長記』を利用した作り話である。二八人中、最後の「根来法師岩室清祐」を除く二七人は、『甫庵信長記』が永禄八年（一五六五）に足利義昭に味方したとする人々と同名なのである。

二七人はこの場面にしか登場しないが、清祐は毛利氏が本願寺に兵糧を搬入する場面で再登場している。彼は「日傭鉄砲」と呼ばれ、勝利の見込める軍には安価に雇われるが、逆だと高く吹っ掛けるので、彼が鎧の上に篠懸（山伏が着る法衣）を掛けて現れると、毛利の兵はこの法師が味方に来るとは吉祥と喝采した。果たして清祐は千挺の鉄砲で糧船を守り、飢えていた本願寺の僧俗男女は跳ね上がって「穀楽（極楽）」と喜んだという。

鎧に篠懸という平清盛のような出で立ちで、本願寺に味方したと思えば次は信長、また本願寺と二転三転、儲けを狙って神出鬼没。大勢の中の一人として名前だけ登場させた男に、次の場面で肉付けして、戦国乱世のいかがわしい躍動感を体現させる手法は、もはや小説家のそれである。

井上家正なる者の跋文（あとがき）によれば、本書は小早川隆景（一五九七没）の時代に多々良一龍の作った八〇巻を、元和三年（一六一七）に多々良一吹が四二巻にまとめ、さらに家正が重校して刊行したというが、実際の成立は刊行年とあまり隔たらないだろう。

本書の特徴は本願寺門徒の一揆を「大坂一向門跡」の一揆、すなわち「門跡一揆」と呼び、もっぱらこれを使用することである。

作者は大坂へ「僧俗愚迷、村老野人、田夫樵夫」が馳せ集まったことを記し、それから「四国・中国の武士共」も将軍家の廻文によって駆けつけ、「一向の流派」を興隆し衆生済度の「軍」をしようとひしめいたとした。「門跡一揆」には西国の武士も含まれるが、まず第一に愚迷な百姓たちの戦さなのであった。

作者は信長にこう罵らせている。やつらは「吾朝の天魔」だ。僧かと思えば妻帯して魚鳥を食し、俗人かと思えば他事を顧みず「一向に念仏」する。北陸各国では「邪法」を説いて人を惑わし、罰せられてもまったく懲りない。

> 近年寄手の内にも渠が宗旨多くして、鉄砲に玉を込めず、矢の根を抜けば、諸方の民口に此宗を城いぬ宗と名付くと云えり。全く其議に非ず。僧に非ず俗にも非ず、其の法、人倫に遠く畜類に近ければ、真白犬に非ずや。

わが軍の中にもこの宗旨の者が大勢いて、鉄砲に玉を込めず、矢の根を抜いて、本願寺を攻撃するふりだけしている。そこで世間では「城いぬ（射ぬ）宗」と呼んでいるようだが、人倫に遠く畜類に近いのだから「真白犬」ではないか。

城内から朝は念仏、夕べは法談の声が響く。猛攻を受けると念仏の息もせわしくなり、南無阿弥陀仏が「なまだい（生鯛）」に聞こえる。寄手は矢に「一向に仏の御名も腥し　唱う念仏生鯛となる」という狂歌を書き付け、城中に向けて射たという。

寛文九年（一六六九）、西本願寺の僧侶の西光寺祐俊が、他宗から白犬衆と誹謗されている旨を記している（『法流故実条々秘録』）から、何らかの先行資料があるのだろうが、「一向」の否定的ニュアンスを上手く活かして本願寺の教義を洒落のめす戯れ言は、知識人に面白がられたらしく、後世まで引用が散見する。

無知文盲の「門跡一揆」

『後太平記』は一揆すべてを否定するのではない。大内義隆に滅ぼされた山名氏政の旧臣が一揆を催すと、信長は忠烈に感じて武具・馬具を与え、土民も山名の旧恩を思い「一揆蜂起」して神辺城を奪い取ったという。信長が利用した「神辺一揆」は褒め称え、信長に弓を引いた「門跡一揆」は天魔と罵るのである。

明治四年（一八七一）まで門跡制度が存在した。もともとは青蓮院・三千院・仁和寺など、皇族や摂関家が住職をつとめる特別な寺院を門跡寺院、そのあるじを門跡（門主）と呼んでいた。家を継がない子女を仏門に入れたい天皇家等と、貴種の入寺による発展を願う寺院とは、持ちつ持たれつであった。

親鸞以来の血統を言う本願寺が門跡寺院になるはずもないが、顕如は永禄二年（一五五九）、経済力を背景に、門跡成という不思議な手段で門跡となった。軍記が百姓の寺と蔑視・危険視する本願寺だが、形式的にはこの門跡成の段階で寺院社会のトップ集団中に地位を得ていたのである（図8）。

寛永九年（一六三二）年、各宗本山は幕府から末寺の書上を命じられ、寛文年間には寺檀制

図8　門跡の袈裟（西本願寺蔵）

度が整えられた。全国のすべての寺院が、幕府が公認した本山（多くは門跡寺院）の末寺となり、幕府の認めたいずれかの宗派に属した（認められなかった宗派もある）。宗門改（しゅうもんあらため）では檀徒の一人一人について、〇〇宗〇〇寺の檀徒であってキリシタンでないことを保証した（寺請（てらうけ））のである。

保証を得られない檀徒は、奉公、結婚、住居移転もできない。兵と農の分離だけでなく僧と俗も分離され、僧は治者の側に身を置いて、統治の最前線に立つことになった。

幕藩体制下では仏教は公家や武家の専有物ではない。むしろ教化と支配の主たる対象者は百姓・町人である。各宗の中でも東西両本願寺は規模が大きく、檀徒の多くが百姓・町人で、文字を知らぬ者への教化手法も確立されていた。本願寺の強い求心力と民衆教化力が体制の管理機能と結びつけば、効果は絶大であろう。

門徒は本願寺住職を「ご門主」と呼ぶようになった。令和の現在でも「西のご門主」「東のご門首（真宗大谷派ではこう表記する）」と呼び、後継者を新門跡、略して新門と呼んでいる。門跡寺院は数々あるが、江戸時代に「門跡」といえば東西両本願寺の門跡を指すことが多かった。『後太平記』の「門跡一揆」はこの「門跡」の率いる一揆を意味する。『足利季世記』も、無知文盲の愚人どもが「本願寺上人」のために討ち殺されれば往生できると信じたと、センセーショナルに書き立てていた。この時期の軍記作者は阿弥陀如来よりも本願寺住職という人間に焦点を定めた感がある。

善知識信仰

ここで真宗における善知識（生身の如来）信仰に触れておきたい。

古い時代には如来や菩薩が往々にして人間の姿をとり、彼岸（あの世）から此岸（この世）に現れた。弘法大師空海が「生身の弥陀」（『高野山記』）、光明皇后が「生身の観音」（『法華尼寺縁起』）、東大寺を復興した重源が「生身の釈迦」（『源平盛衰記』）と呼ばれるなど、その例は枚挙にいとまない。

親鸞も『高僧和讃』源空（法然）讃で次のようにうたった。

善導・源信すすむとも

本師源空ひろめずは
片州濁世のともがらは
いかでか真宗をさとらまし
（善導大師や源信和尚が念仏の教えをお説きになっても、源空聖人が弘めなければ、インドから遠く離れた日本で、濁った世に生きる者たちが、どうして真実の教えに出会えただろうか）

阿弥陀如来化してこそ
本師源空としめしけれ
化縁すでにつきぬれば
浄土にかへりたまひにき
（阿弥陀如来は源空聖人として姿を現され、教化の縁が尽きたので浄土におかえりになったのである）

現代人であれば「阿弥陀如来の教えは、インドの龍樹・天親、中国の曇鸞・道綽・善導、日本の源信・源空によって伝えられた」と言うところを、中世人の親鸞は「浄土の如来が龍樹・

天親・曇鸞・道綽・善導・源信・源空の姿をとって、インド・中国・日本に現れた」と考えた（龍樹から源空までの七人を真宗では「七高僧」と呼ぶ）。

善導や源信がいても法然がいなければ親鸞が真実の教えに出会えなかったように、親鸞没後に生まれた真宗門徒も、善知識（現に生きている師匠）が不可欠と考えた。

真宗には二種廻向という教義がある。如来を信じて名号を唱えた者は、浄土への往生（往相）と、穢土に戻っての衆生済度（還相）という二つの力が与えられる。穢土から浄土への一方通行ではなく往還である。師匠たちは穢土の如来として信仰され、彼らの影像（肖像画や彫像）を本尊とする霊場が各地に生まれた。

一五世紀半ばに画期が訪れた。人師ならぬ本尊阿弥陀如来のもとに大結集するよう、蓮如が説いたのである。それぞれの土地のそれぞれの人師のもとで、小さい集団をなしていた人々が、阿弥陀如来を唯一の本尊、親鸞を唯一の祖と仰ぐ全国的な教団へと大結集した。本願寺教団の船出である。

人師の否定は、卑小な人間が偉大な如来となり、偉大な如来が卑小な人間となるという、彼岸・此岸の往還運動を、卑小な人間が偉大な如来に救われるという、此岸から彼岸への単純な一方通行に組み直すことでもあった。蓮如の教義の単純さ、わかりやすさが、大結集への扉を開いた面もあったであろう。

本願寺安置の親鸞像

本願寺は親鸞の墓所に発する。「生身の御影」と呼ばれる親鸞影像（親鸞の遺灰を混ぜたともいわれる木像）を安置し、親鸞の血を引く者が日々この影像を祀っている。

その建築は「両堂」と呼ばれる。阿弥陀如来（浄土の如来）の木像を安置する阿弥陀堂と、親鸞（穢土の如来）の木像を安置する御影堂の二堂が並び建っているのである。

親鸞影像がなければ本願寺にならない。京都東山大谷の本願寺が比叡山の衆徒に破却されると、蓮如は影像を奉じて逃れ、山科に本願寺を移した。蓮如は明応五年（一四九六）に大坂にも坊舎を造ったが、影像は山科に安置されていたので、それは単に「大坂の坊舎」であった。蓮如曾孫の証如の代に山科本願寺が焼かれ、影像が大坂に移されて初めて、大坂が「本願寺」になった。

天正八年（一五八〇）四月に顕如が大坂を退いた後も、長男の教如は「聖人御座所」、すなわち親鸞影像安置の場を守るための戦いを門徒に呼びかけ、籠城を続けた。しかし、影像が顕如派により鷺森へ移されて籠城の大義は失われ、圧倒的な信長の兵力を前に、教如も八月に城を出ざるを得なかった。

顕如・教如は信長没後に和解したが、対立は続いた。顕如は鷺森から貝塚、天満と移り、天正一九年（一五九一）、秀吉から京都西六条の地（今の西本願寺）を寄進された。

文禄元年（一五九二）に顕如が世を去ると、顕如室で三人の男子（教如・次男顕尊・三男准如）の実母である如春尼が秀吉に准如の継職を訴えた。教如は退隠に追い込まれたが、慶長七年（一六〇二）、家康に京都東六条の土地を寄進され、翌年には坂東から親鸞自刻とされる親鸞影像を迎えた。

東本願寺の分立、いわゆる東西分派に際し、東本願寺は西本願寺安置の「生身の御影」に匹敵する由緒正しい親鸞影像を迎えないかぎり、本山としての正統性を確保できなかったのである。

高田派の専修寺は、天文一二年（一五四三）時点では開祖を親鸞弟子の真仏とし、仏光寺は文明一五年（一四八三）時点では開祖を建武二年（一三三六）没の了源としていた。中世にはどちらも親鸞を唯一の祖師と見ていなかったわけだが、本願寺教団の強い影響下にあって親鸞の宗派と自覚するようになり、仏光寺は慶長年間、専修寺は正保二年（一六四五）以後に、本願寺と同様の両堂形式に改めた。

逆に越前の三門徒の一部（中野専照寺）は、親鸞と如道の二人を開基として並立していたが、元禄二年（一六八九）に如道一人に絞り込んでいる（『専伝寺転派顛末記』）。

生き如来への狂信

それでも善知識信仰は雲散霧消せず、人師の存在を厳しく指弾する蓮如自身が、門徒から特別な尊崇を受けていた。文明六年（一四七四）一月二〇日付の御文で、自分には後生を助ける力はないから、自分を合掌・礼拝してはならないと命じている。

蓮如自身にもどこまで本気で禁じているのかわからないところがある。蓮如の息子の蓮悟は、父が自作の御文を「如来の御直説」と言ったと記録し（『蓮如上人御物語次第』）、蓮如の弟子の栄玄は歴代本願寺住職を「代々善知識」と呼んで、「御開山」（親鸞）の「御名代」として遇しているのである（『栄玄聞書』）。

本願寺にとって、すべての人が生身の如来となり得る善知識信仰は不都合だが、本願寺住職だけは生身の如来として信仰された方がよい。蓮如は善知識信仰をすべて禁じたのではなく、善知識を本願寺住職一人に絞り込んだと言うべきであろう。

顕如の死から五年後、慶念という真宗僧が秀吉の朝鮮出兵に従軍し、阿弥陀如来や親鸞以上に顕如への信仰に溢れる記録を残した。慶念は直接の師である顕如の命日を「やがて往生のさだまる御明日（御命日）」と言い、陣替のため逮夜（忌日前夜の法要）が行えないと、悪道（地獄）に堕ちるのではないかと案じている。

慶念の往生・堕地獄を決するのは顕如であった。江戸時代には本願寺住職は端的に「善知識」と敬われ、『絵本拾遺信長記』の本願寺門徒は顕如を「善知識」「活如来（いきにょらい）」「仏の脈（ちすじ）」などと呼んでいる。

真宗では阿弥陀如来は抽象的な法ではなく、この世に現に生きている人間の一身を介して立ち現れていた。末世（まっせ）の凡夫（ぼんぷ）にとって、穢土の如来である本願寺住職は往生への唯一のよすがである。『後太平記』が門跡一揆と呼び、『足利季世記』が一揆は本願寺上人のために討たれれば往生できると信じていたと言うのは、この信仰のことであろう。

振り返れば、『細川両家記』は「南無阿弥陀仏、穴賢（あなかしこ）、穴賢」の文句を本願寺門徒の表示としていた。「あなかしこ」は書簡文の末尾の「敬具」に相当する言葉である。御文には必ずこれが付されるが、書簡は人間が人間に送るもので、神仏は送ってこない。

本願寺門徒の一揆はなぜ強いのか。『甫庵信長記』や『勢州軍記』の作者はその人数の巨大さや「志の一致」とともに、「阿弥陀信仰による往生の確信」を挙げていた。この時期の軍記作者は一歩踏み込んで、本願寺門徒の信仰を本願寺住職という人間への信仰、伝統的な阿弥陀信仰と同列には扱えない、無学な百姓の狂信と捉えた。

『本朝通鑑』と『武徳大成記』——林家編纂書

ここで幕府が編纂を命じた史書を見ておきたい。具体的には寛文一〇年（一六七〇）成立の

『本朝通鑑』と、貞享三年（一六八六）成立の『武徳大成記』である。

民間で作られた軍記の検討が先で、正史やそれに準じる書物が後というのは、奇妙に感じられるかもしれないが、これらは民間の軍記をもとにして作られており、完成後は紅葉山文庫（幕府の文庫）に納められて、後世への影響も極めて小さい。

朝鮮王朝の正史である『朝鮮王朝実録』は、王も含めて誰一人読むことができなかったという。史官が圧力を受けずに事実を記すには、確かにそれが一番ではあろうが、日本では将軍の手元には置かれていたし、紅葉山文庫も幕府の諸機関や幕臣に借覧を許した。ただし、諸役所への貸し出しにも若年寄の許可が必要で、実際にはほぼ死蔵に近い状態であった。

まず、『本朝通鑑』は神代から慶長一六年（一六一一）まで全三一〇冊という壮大な漢文体の通史で、幕府儒官の林羅山・鵞峰父子が編纂に当たった。参照した書物として、『甫庵信長記』『新撰信長記』『増補信長記』『足利季世記』『勢州軍記』『賀越闘諍記（朝倉始末記）』などを挙げている。

このうち『増補信長記』は譜代大名松平忠房の作で、板倉重宗の『新撰信長記』を丸取りしながら、その「一揆ども」「一揆ばら」を丹念に「賊徒」「邪徒」などに置き換えていた。『本朝通鑑』はそれを下敷きに、一揆勢を「賊徒」「邪徒」、その信仰を「邪術」と呼んだ。

在地の蜂起が本願寺の主導によることを強く打ち出すのも本書の特徴で、本願寺光佐（顕如）

が「江北の十余寺の末徒」や「勢州長島の一向宗徒」や「越前の一向宗」に蜂起を命じ、「石山城を築て紀伊・越前の門徒を聚め」たとした。

教如退城直後の本願寺炎上を、「大坂本願寺失火して、悉く焦土となんぬ。是より諸国一向の賊止む」とも書いている。本願寺の焼失で「一向の賊」が止んだというのだから、本願寺を「賊」たちの総本山と捉えているのである。

次に、『武徳大成記』は林鵞峰の子の鳳岡や、木下順庵らの手になる徳川家の創業史である。作者不詳で異本の多い『三河記』を校訂し、諸大名や幕臣に家伝や古文書を提出させて、新たに編纂したものという。

『三河記』は大久保忠教の『三河物語』をもとにして作られ、禁書でありながら水面下で広まっていた。この剣呑な書物を、事実の記録であり、家康礼讃の書物として万全であるように作り直すのが林家の仕事であった。

三河一揆時の家康の寺内を維持するという詐言や、武装解除後の寺院破却・坊主衆追放は記さず、寺に立て籠もった者でも改心すれば家臣に戻したとして、その寛大さを褒め称えている。一方で一揆には「邪」「賊」「凶」の文字を連発し、「一向乱」、ときに「一向の一揆」「一向一揆」と表記した。

『三河物語』で寺内を守ろうとしたのは家康家臣たちだったが、『武徳大成記』では「僧徒」

が中心とされた。「諸士」は「僧徒」から短冊を与えられ、いいように踊らされてしまう。その短冊の文字は次のようであったという。

法敵退治之の軍也　進足往生極楽世界　退足堕落無間地獄（法敵退治の戦いである。足を進めれば極楽世界に至り、退けば無間地獄に堕ちる）

譜代の「諸臣」の多くが「邪術に欺れ」、法のために身を捨てようと寺に立て籠もったが、中には親族の縁にひかれて「君」（家康）を忘れる者、機に乗じて勢力拡張を図る者、個人的怨恨を晴らそうとする者もいたという。もともとは邪術に目をくらまされた者の「乱」にすぎないのに、すでに抑え込んだはずの各種不安定要素がそれによって呼び覚まされ、跋扈してしまう。

最後は「神君」が諸士の罪を許し、皆「欣然」として大団円となるが、本書は家康の偉大さとともに邪術の恐ろしさを後世に伝えた。

本音は秘本にしか書けない

『本朝通鑑』『武徳大成記』ともに本願寺への恐怖と憎悪を隠さない。だが、実は明暦四年

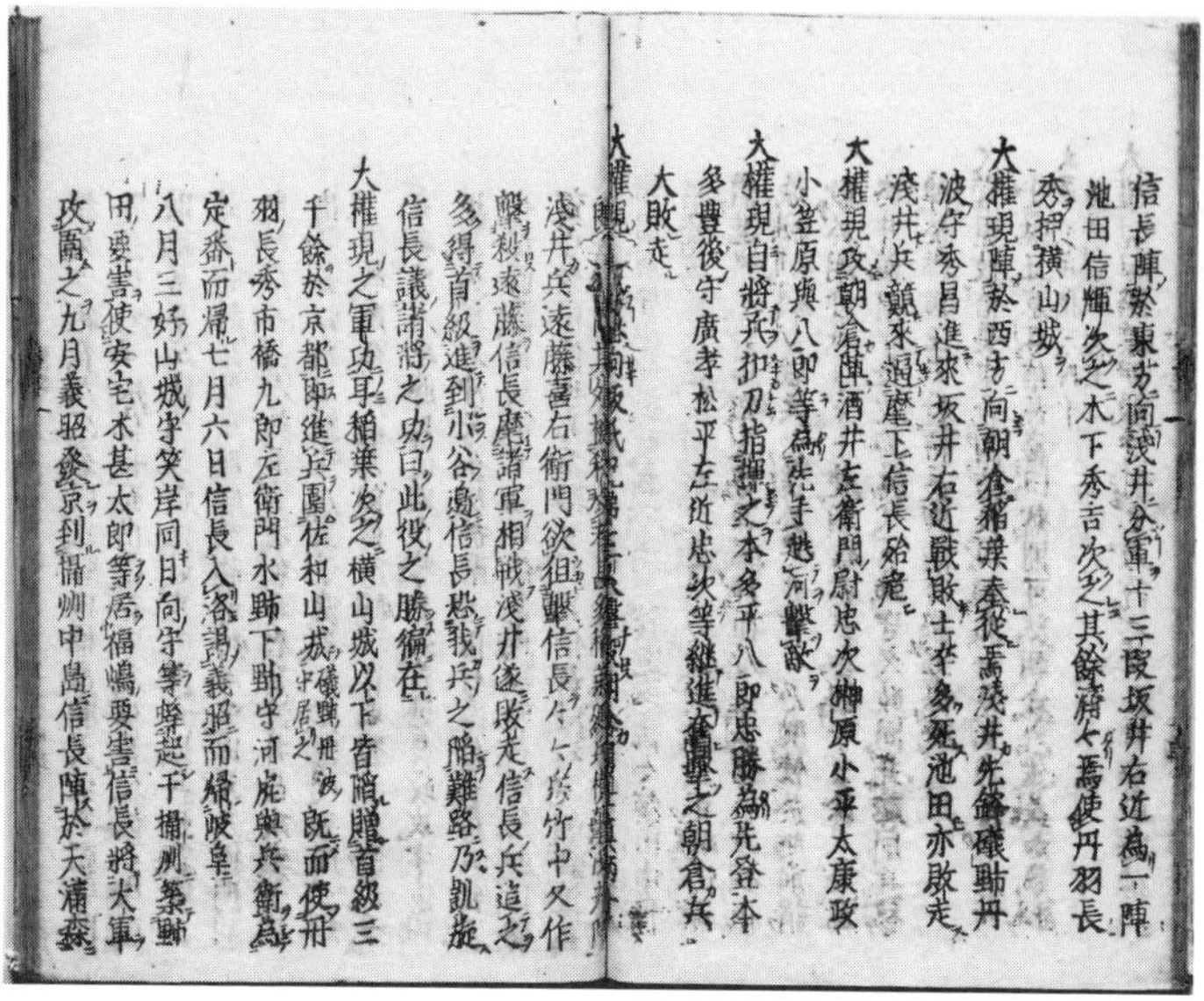

信長陣於東方向浅井分軍十三段坂井右近為一陣
池田信輝次之木下秀吉次之其餘府々焉使丹羽長
秀押横山城
大権現陣於西方向朝倉稲葉奉従焉浅井先鋒破勝丹
波守秀昌進来坂井右近戦敗士卒多死池田亦敗走
浅井兵競来過麾下信長殆危
大権現攻朝倉陣酒井左衛門尉忠次榊原小平太康政
小笠原与八郎等為先手渉河撃敵
大権現自将兵抑刀指揮之本多平八郎忠勝為先登本
多豊後守広孝松平左近忠次等継進奮撃之朝倉兵
大敗走
大権現[illegible]
浅井兵遠藤喜右衛門欲狙撃信長伴々於竹中久作
撃殺遠藤信長麾下諸軍相戦浅井遂敗走信長兵追之
多得首級進到小谷辺信長恐我兵之陥難路乃凱旋
信長議諸将之功曰此役之勝偏在
大権現之軍功耳稲葉次之横山城以下皆陥贈首級三
千餘於京都即進兵囲佐和山城磯野丹波守居之既而使丹
羽長秀市橋九郎左衛門水野下野守河尻与兵衛為
定番而帰七月六日信長入洛謁義昭而帰岐阜
八月三好山城守笑岩同日向守等蜂起于摂州築野
田要害使安宅木甚太郎等居福嶋要害信長将大軍
攻囲之九月義昭発京到摂州中島信長陣於天満森

図9　「大権現」の文字が目に付く『将軍家譜　織田信長譜』
（国立公文書館デジタルアーカイブ）

（一六五八）、林羅山・鵞峰父子はやはり幕命によって『将軍家譜　織田信長譜』を刊行していた。そこでは『甫庵信長記』から「一揆」の語の多くを削り、「大坂門跡」が信長に降ったのでなく「和睦」したとするなど、むしろ本願寺に気を遣った書き方をしていたのである。

『織田信長譜』の頁を繰れば、信長でなく「大権現」家康ばかりが目に飛び込んでくる。板本の特性を利用して全文を一字落した状態で書き、家康の名が出るたびに改行しては「大権現」の三字を天ツキで行頭に鎮座させるからである（図9）。

『織田信長譜』は家康の偉大さや徳川の世の素晴らしさを諸人に知らしめよう

と作られた刊本であった。信長など単なる乱世の英雄にすぎず、ものの数ではないということならば、信長と対立した本願寺も悪役の度を減じることになる。

このときすでに東西両本願寺門跡は幕藩体制に根付き、積極的に民衆統制の役割を担っていた。治者側の一員として存在感の増している巨大教団を、公開される書物で悪しざまに言えないという事情もあったであろう。

刊本と秘本の差は実に大きい。「正しい歴史」は読まれない書物にしか書かれない。現実の本願寺が体制への寄与を強めれば、幕府お抱え儒者の林家は逆に、下々の者たちの心をつかんで放さない本願寺の「邪」性を凝視し、激烈な批判をひっそりと繰り返した。

最後に、やや時代は降るが、林家以外の儒者が将軍に語り聞かせた本願寺像をもう一つ見ておきたい。六代将軍家宣への正徳二年（一七一二）の進講をもとにした、新井白石『読史余論』である。

「一向宗」は「信長の兵威」をもってしても滅ぼすことができず、信長の兄は討たれ、柴田勝家・伊賀伊賀守は負傷し、加賀の富樫介は亡び、越前の朝倉も苦しめられた。我が「神祖（家康）」も「国殆ど危」くなった過去（三河一揆）を踏まえ、東西両派に分立させてその勢力を殺いだが、彼らは今も将軍に匹敵する富を有する。「もっとも心得あるべき事」であるという。

この「心得」は単なる理解、心掛けの意ではなく、用心の意であろう。東西分派は家康の策謀であると白石は言う。林家と対立している儒者も、本願寺への最大限の警戒感を将軍に与えようとする点は同様であった。

「一向宗」の定着

軍記・史書の作者たちは本願寺門徒を「一向宗」と記すようになった。この語は『細川両家記』など早い時代の軍記には出ず、『甫庵信長記』や『三河物語』でも各一ヶ所の例外的な使用である。まとまった量で出るのはこの時期からである。

なぜこの時期に用いられるようになるのか、また、なぜ「真宗」や「浄土真宗」でなく「一向宗」なのかを考えてみたい。

まず、時期の問題でいえば、「○○宗」という捉え方が一般化したのがこの時期であった。すでに文禄四年(一五九五)、秀吉の京都東山大仏千僧会(せんそうえ)に、天台宗・真言宗・律宗・禅宗・浄土宗・日蓮宗・時宗・一向宗の八つの「宗」が出仕を命じられていた。それまで延暦寺・三井寺(みいでら)といった個々の寺院として勤めていた仏事を、「天台宗」として勤める。仁和寺・東寺(とうじ)も「真言宗」のなかの一寺として勤める。多数の寺院を「宗」という組織で括っていく新制度が、秀吉によって実行されていたのである。

中世の村の小堂には「南無阿弥陀仏を唱える坊さんが住み着いている」というだけで、法然流か親鸞流かなど考えたこともないという場合も多かったが、江戸時代に入って寛文ごろには寺檀制度が本格的に稼働し始め、幕府の認める正規の寺院は「〇〇宗〇〇寺」、すべての人は「〇〇宗〇〇寺の檀徒」ということになっていく。毎年の宗門改を通じて、庶民にまで宗派というものの存在が浸透する。寛文期以降に「一向宗」の使用が増えるのは偶然ではない。

次に、「一向宗」という名称については、鎌倉時代に法然流の中でも一向俊聖（しゅんじょう）の創めた念仏集団が、親鸞流や一遍（いっぺん）の時宗と混同されたことが指摘されている。しかし、一向俊聖に発する集団を指す「一向宗」や、親鸞や一遍に発する集団を含む広い意味での「一向宗」は、鎌倉・南北朝期の史料に偏っていて、軍記の「一向宗」と直結しない。軍記の「一向宗」ははっきり本願寺門徒を指すか、あるいは仏光寺門徒や高田門徒も合わせて親鸞を開祖とする集団、現代の真宗と同じ意味である。

本願寺門徒を指す「一向宗」は蓮如を震源とするが、蓮如自身が自称を禁じたため、本願寺やその関係者が遺した文書には登場しない。他称については先述のとおり戦国末までに七〇例ほどが報告され、その多くが警戒感や嫌悪感を伴っている。

ところが、京都東山大仏千僧会には「一向宗」が出仕を命じられ、その記録は本願寺と仏光寺に残っているから、この「一向宗」は現代の「真宗」の意に近い。本願寺・仏光寺ともに延暦寺から弾圧を受けてきた。一向宗が天台宗と同列の一宗として把捉されるとは栄光には違いない。

ただ、東山大仏は盧舎那仏で、仏光寺を他所（五条坊門の現在地）へ移転させて得た土地に、刀狩で没収した武器を使って造ったという。

秀吉は七年前の刀狩令で、百姓は農耕に専念するのが幸せなのに、武器を持てば一揆を起こすから、武器を没収し東山大仏の釘・かすがいとして使用する、それでこそ百姓が現世のみならず来世まで助かるとしていたのである。

武装した百姓の一揆の代表株である本願寺門徒から武器を取り上げ、鋳直して、巨大な盧舎那仏を安置した堂宇を造る。本願寺の阿弥陀仏だけを信仰してきた本願寺門徒をその盧舎那仏の前に出仕させ、現世も来世もこれで安穏と喜べという。秀吉の悪意が透けて見える。とはいえ本願寺・仏光寺は先を争って出仕した。敗北するとはそういうことである。

本願寺はこの千僧会を「御一宗」という自称で記録した（西光寺祐俊『法流故実条々秘録』寛文九年編）。この件にかぎらず、この時期の本願寺の自称は『信長公記』の「新門跡大坂退出の次第」にもあった「一流」、もしくは「御一流」が多く、「一向宗」は見られない。

「一向宗」と「真宗」「浄土真宗」

江戸時代の軍記は本願寺門徒をもっぱら「一向宗」と呼ぶが、実際に宗門改などに用いられた宗名は、藩や領主によって「浄土真宗」「一向宗」「本願寺宗」「門徒宗」など、てんでんばらばらであった。

安永三年（一七七四）、真宗と浄土宗のあいだで宗名事件と呼ばれる問題が発生した。東西両本願寺が寺社奉行に、宗名に種々の俗称が使用される現状を改めて「浄土真宗」に統一したいと訴え、高田派・仏光寺派も同調したが、浄土宗は猛反対して老中や大奥へ働きかけ、逆に「一向宗」に統一させようとした。途中で「寺社奉行所としては両本願寺の宗名を一向宗として取り扱う」旨の書付が浄土宗側に流れたこともあったが、幕府は結論を保留して沈静化を図り、結局、明治五年（一八七二）になって真宗が公称された。

幕府は将軍家菩提寺である浄土宗と、庶民の信仰を集める真宗が正面衝突しないよう、腐心するばかりであった。前例どおりということで穏便に済ませられるなら、てんでんばらばらで不都合はないのである。

それでは一般の門徒はどうだったのだろうか。

江戸時代に書かれた真宗関係の書物は、『真宗○○』のようにしばしば「真宗」、ときには「浄土真宗」が冠されるが、「一向宗」は皆無である。一文不通の庶民に法座で説き聞かせるための台本もそうなっているので、宗門内での正規の宗名は「真宗」「浄土真宗」だという認識はあったと思われる。

だが、『雨月物語』の作者として著名な上田秋成は大坂の人で、文化五年（一八〇八）の『胆大小心録』に次のように記している。

> 門徒宗とは身がってな題目じゃ。一向宗ともいうが、是も一向一心の略で、きこえぬきこえぬ。浄土真宗も真の字がもめるはずじゃぞ。肉食妻帯宗といいたいものじゃ。

何宗であれ信徒はみな門徒のはずなのに、「門徒宗」と名乗るとは身勝手なことだ。「一向宗」ともいうが一向一心の略というだけで道理が通らず、「浄土真宗」も「真」の字の件で浄土宗と悶着が起きる。いっそ肉食妻帯宗と言えばよいのに。

秋成は別のところでこうも言っている。今は「門徒宗」が盛んで、他の宗派は圧倒されている。また、「門徒宗」は「一向一心」で「本寺様のため」に身命を捨てるというが、「もし一起（一揆）おこしたら」、「地頭」が制圧すれば「あやまってしまうであろ」（降参するだろう）。

秋成は「高田の門徒宗」とも書いているから、高田や仏光寺を含めて親鸞に発する宗門は、大坂では「門徒宗」が標準的自称で、「一向宗」や「浄土真宗」は単にその別名ということだったようである。もし真宗門徒が「一向宗」呼ばわりされて苦い顔をするのなら、真宗を嫌いぬく秋成がそれを匂わせないはずがない。

「一向宗」に拒絶反応があるのは宗門の上層部だけで、一般の門徒は真宗の別名と思っていたのではないか。確かに本願寺門徒は始終「一向」と口にするから、秋成ならずとも「一向一心の一向宗」と考えるであろう。そしてそれは、否定的ニュアンスを含む語を強い肯定の意に逆用しつつ、治者の手から仏教をもぎ取ってきた、かつての本願寺門徒の感覚を無意識に受け継ぐものである。

しかし、それゆえにこそ、軍記や史書の作者にとって「一向宗」は恐怖・憎悪・侮蔑の対象であり続け、他の名称に置き換えがきかなかった。軍記や史書は先行文献を踏襲するものだから、『甫庵信長記』の「一向宗」の採用が影響を与えた面もあるだろうが、後述する『陰徳太平記』（本願寺の味方の立場で記された唯一の軍記）は『甫庵信長記』を使いながら、「一向宗」と「真宗」を併用している。管見のかぎり「真宗」を用いた軍記はこの一書しかない。

明治五年に真宗公称が認められると、西本願寺は「浄土真宗」、それ以外の各派は「真宗」（真宗大谷派・真宗高田派・真宗佛光寺派など）を名乗った。現在では宗門内でも「一向宗」は「一揆」や「石山合戦」と関わってのみ用いられる歴史用語となっている。

第五章　元禄期の軍記と宗門書の交錯（1690～1720年ごろ）

『本願寺表裏問答』――東西両本願寺の末寺獲得競争

儒学の目指すところは治国・平天下だが、一八世紀にはそれらと無縁な人々も軍記を読み始めた。大坂郊外の豪商の河内屋（かわちや）可正（かしょう）は『甫庵信長記』を読んで修身・斉家の具としている。享保二年（一七一七）に幕府が刊行を規制したのは、幕府が危惧するほど流行したということでもあった。

『明智（あけち）軍記（ぐんき）』全一〇巻は作者不詳で、前半五巻が元禄六年（一六九三）、六巻以降が同一五年に刊行された。主人公は明智光秀で、軍気が東から南へたなびくのを見て、東の敵が南を攻めようとしていると予言したり、朝倉義景によき城地を尋ねられ、「摂州大坂の本願寺の寺内」と答えたりしている。史実の記録か、面白い読み物かと問われれば、建前はあくまでも前者ながら、実は明らかに後者へと傾斜していた。

作者はどういう伝手があったのか、早く寛永一五年（一六三八）に刊行された甫顔作『本願寺表裏問答』を入手していた。「表」は西本願寺派（以後「西派」と表記する）、「裏」は東本願寺派（以後「東派」と表記する）を指すから、「東西分派の真相を教える書物」ということである。東派の『翻迷集』によれば、西本願寺がこれを開板して諸国の西派僧侶に持たせ、門徒の前で読み上げさせて「無智の男女を誑惑」したという。それが事実という証拠はないが、内容的にはいかにもそのような書物で、大坂の開城について次のように記している。

> 顕如は自らの退城に先立って親鸞影像を女房輿に乗せ、雑賀の孫市、根来の小密茶などに守らせて鷺森に移した。教如は影像強奪を企むが失敗し、信長にも惨敗して和平を請うた。信長は鷺森で父子を討とうと考えて許し、教如は八月二日に退城、逐電した。天正九年（十年の誤記か）、信長は教如の違勅を怒り、織田信孝を四国退治の名目で出陣させて、六月三日に鷺森を襲わせた。突然のことで鷺森には守護する武士がいない。近隣の門徒は女童や尼入道まで、槍・長刀の足りない分は竹棹を焼き研ぎにし、杵棒を担ぎ、それもない者は大手を広げてつかみかかったが、たかが知れている。顕如が死を決し、「信長には理がある。敵は教如だ。第六天の大魔王が真宗を絶やすため我が子となったのだ」と嘆いたところで、突然寄手が退いた。明智光秀の心に親鸞が乗り移り、信長を滅ぼしたのであった。

お気づきの方もあろう、『絵本拾遺信長記』で百姓の男女が竹槍を手に疾駆する場面のおおもとはこれである。

西派（顕如・准如派）は「生身の御影」を擁するのが強みだから、「影像を守り抜くのが肝要だ。寺の位置には拘泥しない」と主張し、本能寺の変の前日に鷺森合戦なるものを創作して、東派（教如派）が和睦の勅命に背いたことが危機を招いたと非難した。『信長公記』に取り込まれている教如派の「新門跡大坂退出の次第」が、大坂の威容と繁昌を最大限の美文で讃えたのと対照的である。

『本願寺表裏問答』には、本願寺が大坂で六年間も籠城できたのは、間者（かんじゃ）が入ると親鸞影像が汗を流して教え、合戦が危うくなると一騎の黒衣（こくえ）の僧が現れて敵を追い払ったからだという一節もある。

話を『明智軍記』に戻そう。本書は約半世紀前の宗門書から鷺森合戦の物語を採り入れた。光秀の主殺しを正当化するため、「比叡山を焼き、高野聖（こうやひじり）を殺し、本願寺を潰そうとした信長が、光秀の姿を借りた阿弥陀如来に天罰を下された」と言いたかったからである。

『明智軍記』の成ったころ、『本願寺表裏問答』はほぼその役割を終えていた。東西両派の教団体制が整って末寺獲得争いが終息すると、強い競争意識は残しながらも罵倒合戦は影を潜め、両本願寺を車の両輪とする言説が前景に出る。軍記作者は宗門人とはまったく別の文脈で、用済みとなった宗門書を勝手に利用したのである。

論旨よりエピソード

東西分派に至った事情について、両派がそれぞれ一定の見解を持っていたようには見えない。『本願寺表裏問答』は板行されたため、後代までよく引用されるが、『明智軍記』と同様に、真宗僧や軍記作者が勝手に利用しただけである。西本願寺がこれを教団言説として打ち出し続けた形跡はない。

「石山」呼称の初見とされる『紫雲殿由縁記』は、寛永一九年（一六四二）ごろに京都の西派寺院である金宝寺の明専が作り、延享四年（一七四七）に同寺の明沼が増修したものである。

金宝寺は同じ西派でも『本願寺表裏問答』と異なるグループにあったらしく、刊本どころか秘書の体裁で「当寺の口伝こそ真実だ」と主張した。『本願寺表裏問答』を参照したのは明白なのに決して見たと言わず、あえて少しずらせて、似て非なることを書いている。

明専によれば、蓮如が大坂坊舎を建てようと地普請をすると、聖徳太子が梵字を記した石が掘り出されたので、大坂を「石山の道場」とも呼ぶのだという。

この部分の種本は、蓮如の孫の顕誓が永禄一〇年（一五六七）ごろに記した『反古裏書』である。そこには、大坂坊舎の普請時に礎石が土中に集められた状態で発見された、これは「天王寺聖徳太子未来記」の予言のとおりだとある。

当時、人口に膾炙していた「聖徳太子の未来記」（平安時代成立の『聖徳太子伝暦』）には、確かに「私（聖徳太子）が生まれ変わり、寺院を造るときに備えて、二万枚の瓦を焼いて玉造（たまつくり）の岸の西方に埋めておく」という一節がある。顕誓はこれを承けて、蓮如は太子の生まれ変わりと示唆したのである（図10）。

図10　『蓮如上人絵伝』第二幅「太子石山の地御差図」
（高島市最勝寺蔵）

ただ、『聖徳太子伝暦』は瓦であって石ではない。各種蓮如伝ももっぱら瓦とする。『反古裏書』は例外的に石の出土を言うが、石山の地名縁起にはしていない。『紫雲殿由縁記』が特殊なのである。

一七世紀前半には『紫雲殿由縁記』以外に本願寺を「石山」とする例がない。石山と呼ぶことがあったとしても一般的ではなかったのであろう。一般的でないことをあえて書いて、金宝寺のみの知る真説にしようというのが明専の目論見であった。

天明五年（一七八五）に編まれた『大谷本願寺通紀（つうき）』が『紫雲殿由縁記』を引いているので、学究の徒が金宝寺を訪れて見せてもらうことはあったようだが、『紫雲殿由縁記』によって「石山」呼称が一般化したということもない。

それでは東派はどうだったか。

元禄一四年（一七〇一）以前成立の『事書』（ことがき）は、東本願寺家臣粟津（あわづ）家に伝わる語りを記したといい、教如の籠城継続の理由をこう説明する。「顕如・教如父子がともに殺されてしまえば法灯が絶える。父子は不和を装って別々の場所にいるようにした。信長が密かに鷺森へ兵を出して二人を殺そうとしているとのうわさもあり、再会は信長没後になった」。

『本願寺表裏問答』の「信長は父子を鷺森で合流させて討とうとした」という作り話から、父子密計という新しい作り話を組み立て、宗門断滅の危機を教如が救ったことにしたのである。

このころの議論（喧嘩）の仕方は現代とは異なる。粟津某は『本願寺表裏問答』に正面から反論するのでなく、その文脈を無視して使える部分を勝手に切り出し、自分の作った別の文脈にはめこんだ。軍記作者と同じ手法である。

次項の恵空（えくう）は『事書』を参照しながら鷺森合戦に触れない。東西両派ともに一枚岩ではなく、それぞれが勝手なことを書いている。

柳沢昌紀（やなぎさわまさき）によれば、仮名草子（かなぞうし）の作者として名高い浅井了意（りょうい）は、先行書の勝手な作り替えと刊行を繰り返していたという。議論・喧嘩にかぎらず、書物の読み方・書き方が現代とは異なるのであろう。「この書物を通じて作者は何を言おうとしているのか」という、現代の国語の試験のような問いかけは存在しない。読者は個々のエピソードに反応し、エピソードを一人歩きさせていく。

『叢林集』――信心内心の教え

東本願寺では正徳五年（一七一五）、近江国金森善龍寺出身の恵空が本山学問所の初代講師（責任者）になった。『信長公記』元亀二年（一五七一）九月三日条に、信長が「一揆楯籠もる金ヶ森」を兵糧攻めで降参させたとある、その金森（現守山市）である。

恵空の『叢林集』全一〇巻は東本願寺の教義や歴史を記した大著で、元禄一一年（一六九八）に書き上げられ、正徳二年（一七一二）から享保三年（一七一八）にかけて刊行された（以下『板本』とする）。信長との戦いは正徳四年刊行の巻七にある。

信長が本願寺に「怨」を抱いた原因は、浅井長政の子息の一人が三井寺某法印の弟子となり、娘が顕如の室となったことにあるという（割注に「浅井殿の娘は九条殿の室、細川殿の娘が顕如室で、細川は信長に敵対した。信長記にある」など）。信長が浅井を破って（割注に「信長記」）比叡山を攻めたとき、三井寺の法師は顕如を頼った。法師は天満の御坊に匿まわれていたが信長に夜討され、顕如は「無念」に思ったという。

敵を隠匿された信長の「怨」と、縁者を守りきれなかった顕如の「無念」の衝突が十年間の合戦に発展したとは、まるで浄瑠璃だが、話はこの調子で綿々と続き、「已上本願寺相伝如是（かくのごとし）」（以上は本願寺の相伝のとおりである）で締め括られている。

史実では顕如室は細川晴元の養女で、浅井家三女の産んだ娘は九条忠栄（ただひで）に嫁いだ。恵空は「本願寺相伝」に誤りが多いのを承知していて、「信長記」（本書では『信長公記』を指す）を援用し、割注だらけの文章を書いたのである。「相伝」にはたいして中身がないと言わんばかりである。

実は『叢林集』には恵空自筆本が遺されている。明治一四年（一八八一）、これに基づく『真（しん）本（ぽん）叢林集』（以下『真本』とする）が板行され、活字本は今日までみなこれを底本とするが、その構成や文章は『板本』と異なるところがある。特に信長との戦いに関する記述はまったく別物としか言いようがない。

『真本』では次のようになっている。教如の母は細川晴元の娘、朝倉義景は晴元の聟（むこ）であった。朝倉・細川両家は信長の強敵で、信長は本願寺の動向を気に掛けていた。元亀元年、三好氏が野田・福島に立て籠もったとき、諸方の門徒は信長に本願寺攻撃の意があると見て、信長に害をなしたり、本寺へ馳せ集まったりした。同九月一四日に本寺が寄手を破り、信長は帰京した。同二年に「尾州（びしゅう）長島に一揆起り」、下間頼旦を大将として下した。同五年、「江州北郡に一揆大に起り」、小川・金森など所々の「蜂起」は「みな御門徒の企」であった。「越前・越中の蜂起」もしかり。信長が二四ヶ国を手に入れた戦いの中で、「御宗門」に己の一族・良将を討たれたほどのことは他にない。天正四年四月、信長は当寺の木津の出城を攻め、また敗れた。大坂は五一ヶ所に出城を構え、信長は茶臼山に相城を構えて佐久間父子を置き、各所に関を据えて門徒の出入りを厳禁した。信長は天正七年冬に策を巡らし、公家を動かし和睦の勅裁を下させた（以下、退城と顕如・教如父子義絶の次第を述べる）。

作者は『板本』では門徒の「一揆」や「蜂起」を一切話題にしないが、『真本』では戦いの主役は「御門徒」である。野田・福島では門徒が行動を起こした後に本願寺が軍勢を出し、その後も長島・近江・越前・越中での「一揆」蜂起を言う。信長の一族・良将を討つ（『信長公記』天正二年九月二九日条に、長島で「御一門を初め奉り、歴々数多討死」とある事件を指すのであろう）という、多くの戦国大名のなし得なかったことまでしたのだと、作者は人目に触れぬところで胸を張っていた。

それでも、江戸時代に『叢林集』といえば『板本』である。門主を補佐して民衆統治の役割を担う東本願寺講師は、公刊される著作において忠実にその職務を果たした。

結局、東西両派ともに、信長との戦いに関する教団の公的言説を積極的に打ち出しはしなかった。東西分派期の西派は、親鸞影像を守ろうとする百姓門徒の戦いを『本願寺表裏問答』に描いたけれども、それが西派の言説として一貫していたのではない。一八世紀に西本願寺の正史として『大谷本願寺通紀』が編まれた際には、話の大枠は軍記によって構成され、『本願寺表裏問答』は単なる参考資料の一にすぎなかった。

かつて蓮如は王法を表として信心は内心に秘めよと説いた。信心内心の教えは、王法への疑念を持たない者には無用の教えである。諸神諸仏を無意味と観じたり、守護・地頭への反抗心を心中に育んだりしている者たちを、蓮如は正視し、そのうえで忍従するよう言葉を尽したのである。

幕藩体制下の本願寺にとって、戦う百姓像は表に出せない。教団言説に乗せるどころか、消せるものなら消したい負の歴史である。ただ、東本願寺講師の内心の誇りでもあったことが、自筆本にうかがえるというだけである。

『明智軍記』と『織田軍記』――軍記は本願寺嫌い

『本願寺表裏問答』の創作した鷺森合戦は、明治に入っても史実と見なされていた。『明智軍記』の利用のしかたがあまりにも上手だったせいである。

そうはいっても『明智軍記』の作者が本願寺に同情的だったのではない。『後太平記』に拠って、「一向宗」は国々に末寺が多く方々で「一揆を起し」、守護の下知に従わない「国を害う宗」だから、一人残らず討伐すると信長に言わせたり、織田勢の中の本願寺門徒が門跡を「正身（生身）の弥陀如来」と讃えて、鏃のない矢や紙玉鉄砲で攻撃したと冷笑したりしている。

越前一揆の場面では、本願寺門徒が「他宗は無益（むやく）」として仏閣を破却し、神社に不浄をなし、「一揆の組頭」である竜虎左衛門・将軍兵衛・関白右衛門・是非大夫・有無之介らが国中を徘徊したとする。竜や虎のように手に負えない、是非も有無も通用しない連中ということなのだろう。狂信の愚民を束ねるやくざ者といったところか。

面白可笑しい読み物にぐっと傾いた『明智軍記』の、後半五巻の刊行された元禄一五年（一七〇二）には、これと対極にある『織田軍記』全二三巻が刊行された。作者は元越前国丸岡（まるおか）藩士の遠山信春（とおやまのぶはる）で、史実の探求に意を用いている。本願寺関係の記事のほとんどは松平忠房の『増補信長記』に拠るが、『信長公記』『新撰信長記』『朝倉始末記』『勢州軍記』など多くの先行書を読み込み、使いこなした。

信仰の扱いも『明智軍記』と正反対である。『明智軍記』は本能寺の変を信長への仏罰としたが、『織田軍記』は本願寺の戦いを経済・政治・軍事で語り通そうとした。信長にとって本願寺は「戦国の世を治めて天下一統の功を立て」る上での障害物にすぎない。そして本願寺は己の領国を守りたいだけで、信長が「法敵」だというのは門徒を奮起させるためのスローガンにすぎない。

経済・政治・軍事で貫こうとする姿勢の淵源は『越州軍記』にあった。『越州軍記』を承けて『朝倉始末記』が成り、『織田軍記』は『朝倉始末記』に拠っている。『織田軍記』は『越州軍記』の二次的な影響下にあるのである。

とはいえ『朝倉始末記』のなかでも『越州軍記』以外を種本とする部分には、加賀・越前の土民は「弥陀専念の仰信(ごうしん)」を旨としていて、加賀守護の富樫政親(とがしまさちか)が本願寺門徒を差し置き高田門徒を贔屓したため一揆が起きたなどという、信仰に目を向ける記述があるが、『織田軍記』はそういう記事は採用しなかった。

> 武家を地頭にして手ごわき仕置(しおき)にあわんよりは、一向坊主を領主にして、我ままをいいてあいしらわん事、土民の為には一段よき国守なりとよろこび、越前の土民も是(これ)を羨み、ややもすれば一揆を起さんと工(たく)み居たる最中なれば、

加賀はすでに「本願寺の領国、一揆の土民の支配」となり、土民は手強い武家でなく「一向坊主」を領主にしたから「我まま」が通ると喜んでいた。それを見た越前の土民は自分たちも「所得」しようと機会をうかがい、一揆を起こした。本願寺から加賀に派遣されていた下間・杉浦は、七里(しちり)三河守という武勇の者を越前に送り込んだという。

本願寺は「領国」を拡張すること、土民は本願寺を利用して「所得」することしか考えていない。前将軍足利義昭を擁する毛利輝元は、海陸の交通を扼する本願寺を反信長グループの最

重要拠点と見なし、兵糧を本願寺に搬入して「大坂の城を堅固に持たしめ」たうえで、中国・四国・紀州に呼びかけて信長に対抗しようと図った。

こうした本書の解釈によるかぎり、天下一統を目指す信長が大坂を落そうとするのは必然である。

もう一つ、土民を丸腰に描く点もそれまでの軍記と異なる。多数の軍記を読み込んだ作者は、百姓の武装があり得たことを承知していたはずだが、『増補信長記』が一揆勢を「〇騎」と数えたのをいちいち「〇人」に改めて、「百姓がわがままを通そうとして武士に抗し、皆殺しにされた」という、江戸時代人にわかりやすい教訓話へと磨き上げた。

殺傷の道具を常に身につけて統治に当たる武士と、それに従うべき者との相違を、目に見える形にして描く。軍記においても兵農分離が成し遂げられたのである。

『北陸七国志』——民は黙って従うべし

『北陸七国志(北国全太平記)』全二〇巻は馬場信意の作で、宝永四年(一七〇七)に刊行された。

作者は『朝鮮太平記』『南朝太平記』『曾我勲功記』などを作った代表的な軍記作者で、現今の伝記作家・歴史小説家に当たるとされている。さしづめ江戸時代の司馬遼太郎というところであろう。

本書は『朝倉始末記』を下敷きとするが、『朝倉始末記』以上に本願寺門徒の一揆の凶暴性と愚劣さを強調した。越前の「一揆共」が武士の城を攻め落とし、本願寺から大将として派遣されている七里三河守に意気揚々と報告すると、七里は、一揆らが自分の下知も受けずに「私として士を殺す」のは言語道断と激怒して使者を殺す。ここまでは『朝倉始末記』のとおりだが、七里が、

是、某（七里自身を指す）を侮るにあらずして、大坂の御門主を軽んずるなり

と怒ったというのは作者の創作である。

「大坂の御門主」は公、「一揆」は私、私が公を冒せば死に値すると作者は考えた。七里の言葉を聞いた郷民らは、智勇の備わった大将と怖れ敬ったという。


一向坊主・土民共、（中略）紙旗・筵幟を山野に翻らせ、鉈・鎌・鋤・鍬なんどの得物々々を提げ、群り居たる形勢、異形にぞ見えたりける。

村ごとに旗や幟を立てた百姓が「得物」（得手とするもの）である農具を持って群がる。まさしく江戸時代の強訴のイメージである。

一八世紀の読者に最も歓迎された軍記作者は、一揆を私利私欲の暴挙として強訴のイメージで描いた。治者目線の者の望みは実のところ、領主と百姓がともに公的存在として国を支えるというより、百姓は私の意思を抑え黙って公に従えということだったのではなかろうか。東本願寺講師の恵空が一揆の記述に神経を尖らせたのも当然である。

天正九年、柴田勝家が「根を断ち葉を枯す」べしという信長の命に従って「逆徒を退治」した後、越前の「諸民等」に下した「国家長久の謀」は次のようであったという。

吾、国政正しく仁恵を施す故、当時は一揆を起すべき覚悟、曽て以て是なき旨、汝等度々相断りき。近頃神妙の至り、感心する処なり。然る上は汝等が所持する処の武具・馬具等、今更以て無益なり。少しも残さず此方へ相渡すべし。其替りとして鋤・鍬・鎌・犂等の農具を拵え、汝等が望みに任せて何程なりとも渡すべし。

勝家は「仁政が行われれば百姓が一揆を起こす必要はないはずだ。武具・馬具を差し出せば、代わりに農具を与える」と厳命し、武器を隠し置いた者は野心あると見なして死罪だと告げたという。「諸民」の反応は書くまでもないということか、服従したとも何とも記載がないが、一揆の記事の多い本書にして、これより後には一つもない。

なお、本書は『越州軍記』の流れを汲む『朝倉始末記』に拠っているので、本願寺門徒の一揆をほとんどは「一揆」、まれに「土一揆」「一向宗門一揆」とするが、一例のみ「一向一揆の門徒共」が出る（『下間氏世系事』）。作者が林家編纂の『武徳大成記』を見られたはずもなく、『足利季世記』を参照した形跡もない。独自にこの語を思いついた可能性も皆無とは言えないが、判断がつかない。

『陰徳太平記』——石山合戦譚の種本

『陰徳太平記』は本願寺の味方の立場をとる、極めて珍しい軍記である。

吉川家の家老である香川正矩（一六一三～一六六〇）が『陰徳記』を著し、これを次男の宣阿（香川景継）が改稿のうえ出版した。宣阿の自序により元禄八年（一六九五）成立、正徳二年（一七一二）刊行とされてきたが、実際の刊行は享保二年（一七一七）と推定されている。

岩国藩（吉川家）はそのころ、幕府に大名と認めてもらえず苦しんでいた。関ヶ原で吉川広家が徳川方に内応したのが尾を引いて、親藩である萩藩（毛利家）が岩国藩を支藩として推挙しなかったのである。岩国藩は本書を刊行して毛利氏の中国制覇を称揚し、吉川の家格を宣伝しようと、記事を監査したり資金を拠出したりしたらしい。

そういう政治性の強い書物であるから、本書は教如に極めて厳しい。毛利氏が西派を保護し統治に利用していたためである。

本願寺関係の記事は全八一巻中、四つの巻にまとまっている。巻四七で元亀元年の合戦、巻五三で天正三年から七年の合戦、巻六三で天正八年の本願寺開城、巻六七で鷺森合戦と東西分派を語る。

この四ヶ所をそっくり抜き出せば、そのまま本願寺（西派）方から見た石山合戦史になる。信長が本願寺の寺地を欲して非道な戦いを仕掛け、本山を守ろうと決死の覚悟で集まった門徒勢に連戦連敗する、「石山軍記」型合戦譚の基本形がここでできあがるので、長くなるがこの四ヶ所の梗概をまとめておこう。

元亀元年九月、信長は日本無双の名城の地である大坂の石山に、西国の動きを封じるための城を築こうと、本願寺に移転を願ったが謝絶された。四国の三好三人衆を討つと見せかけて寺地を攻め取ろうとしたが、本願寺の檄文（げきぶん）によって諸国から軍士が集まり、織田勢の中の根来（ねごろ）・雑賀出身者も、玉を込めない鉄砲を石山に向けた。

一三日の高潮で淀川が逆流し、四国勢が堤を切って信長の陣屋を水没させた。一四日には刈（かり）田（た）を機に戦端が開かれ、寺の早鐘を合図に僧俗男女が弓・鉄砲・槍・長刀を持ち打って出た。

雑賀の鈴木孫市や越前の下間一党の活躍で、織田勢は野村越中守を討ち取られ、天満の本陣を焼かれて退いた。一八日、信長は中島で老若男女を殺し、大坂勢は諸国から集まった鉄砲足軽を中心に防戦した。二〇日、大坂方の若武者が信長を深追いして危機に瀕するが、付城の一つから出火して寄手が崩れた。顕如は敵味方供養の法事を営んだ。

羽柴・柴田・滝川らは信長に、越前・伊勢・紀伊・加賀・近江・播磨の門徒を滅ぼせば大坂は攻めずに落ちると進言した。信長は大坂攻撃を止めて伊勢長島願証寺を落したものの、一族数十人が討たれた。天正元年八月一五日に信長は越前へ押し入った。

天正三年三月の十艘川の合戦の後、毛利三家は顕如の依頼を受けて大船団を組み、鈴木孫市とともに織田勢を撃破して兵糧を搬入した。安芸への帰途、児玉内蔵允は高砂の相生松を切り、大病を受け落命した。

同四年四月一四日、信長は森口・飯満等を攻めて失敗し、五月三日には原田備中守が大坂勢を一揆と侮り討たれた。六日に織田の八万余騎が天王寺へ押し寄せるが、顕如が高櫓に上り、寄手に念仏を唱えさせて危機を回避した。城中から軍兵が打って出、近国の門徒一万人が鎌や竹竿で襲いかかって、信長は退いた。

以後三年間、本願寺攻撃を任された佐久間信盛は何度も夜討を試みるが、城中では親鸞影像が汗を流すなどの奇瑞によって敵の侵入に気づいたため、常に失敗した。

同八年正月、信長はついに正親町天皇を脅して本願寺に勅使を送らせた。顕如は評定の結果、四月九日に大坂を出て、一〇日に孫市の領地である紀州鷺森に着いた。教如は思慮のない若者や財産を守りたい大坂町人にそそのかされ、和議を破ったが、いざ信長の大軍が現れるとみな逃げてしまい、教如も城を落ちみじめに放浪した。

同一〇年五月、信長は顕如が教如に籠城継続させたのを罰するとして、織田信孝を四国退治の名目で出陣させ、六月三日に鷺森を攻めさせた。門徒の注進により顕如は脱出したが、鷺森は防戦及ばず、いよいよというとき寄手が退いた。信長が光秀に殺されたとの報が入ったのであった。

顕如は八月上旬に和泉貝塚、同一四年に摂津天満へ移り、同一九年に六条堀川に大伽藍を建立して、文禄元年に入寂した。秀吉は教如に朱印を与えたが、顕如後室の訴えを受け准如に相続させた。教如は八年後に再び門跡と仰がれ、准如は表、教如は裏と呼ばれて、ともに繁栄している。

「石山」呼称の採用

本願寺関係の記事は主に『甫庵信長記』『細川両家記』『後太平記』、および『本願寺表裏問答』に拠っている。本願寺の聖戦物語は、本願寺を嫌悪する各種軍記の再構成によって生まれたのである。

たとえば、『後太平記』の「真白犬」の場面（寄手中の門徒は本願寺を空砲で撃ち、矢の鏃を抜いて射た）は、「天正四年四月五日巳刻、顕如が紅の衣を着て高櫓に上り、諸々(もろもろ)の雑行 雑修(ぞうぎょうざっしゅ)云々（蓮如作とされていた『改悔文(がいけもん)（領解文）』の冒頭部）と唱えて金の団扇(うちわ)で寄手をひらりひらりと招くと、寄手中の門徒は武器を捨て念仏を唱えた」という物語になった。

同じく『後太平記』の根来清祐(せいゆう)率いる鉄砲隊は、元亀元年の中島合戦における「鉄砲足軽」に変身した。彼らは越前・加賀・紀伊・丹波より馳せ参じた、蛍・小雀・下針(さげばり)・鶴頭などの名を持つ「兵」たちで、本願寺は二五人に一人の小頭を付け、五〇人を一組として射撃させて勝利を得たという。

濱田(はまだ)啓介(けいすけ)は本書を講談演芸に近しい通俗的軍記とした。蛍や吊した針を撃ち落す異能者たち、彼らに隊列を組ませて繰り出す本願寺。確かに講談演芸以外の何物でもない。

本書は真宗用語を的確に使用し、西本願寺所蔵文書を正確に引用していて、西派僧侶の関与を推測させる。とはいえ、何か詳しい資料を持っていたとも考え難い。野田・福島の戦いに際し籠城した「宗門の者共」として、三二名の武士、二一名の僧、二三名の門跡一門から成る見事な名簿を載せるものの、武士たちは非実在、僧侶名は親鸞旧跡寺院を紹介する書物から適当に拾ったとしか思われない。

信長が「西国」の押さえの城を築くために石山の地を欲したというのも、史実ではなかろう。西国の雄たる毛利氏は信長にそうさせるほどの威力があったとほのめかしつつ、信長を悪玉、本願寺を善玉として描き分けただけである。

兵農分離、僧俗分離が完遂された後の軍記は、武士でない者の武力行使を軽侮して見せるだけでは済まない。彼らの悪逆と悲惨な末路をことごとしく言い立てるか、彼らに万々やむを得ない蜂起の理由を与えるか、二者択一である。『織田軍記』や『北陸七国志』は前者、本書は後者であった。

信長が寺地強奪を企て、本願寺がやむなく立ち上がるというストーリーが用意され、本書は結果的に「石山」呼称をまとまって用いる最初の書物となった。秀吉による城下町建設で「大坂」の範囲が拡張された後に、話題の土地をピンポイントで示そうとすれば、広い大坂の中でも特に石山の地という限定をかけて表現するしかなかったからである。

もっとも、「石山」の用例は「大坂」の約五分の一しかないうえ、「大坂（の）石山」の形が多い。「知識人の大坂」と「庶民の石山」の棲み分けはまだまだ先である。

「たかが一揆」には違いない

本願寺の味方に立つ軍記において、本願寺や一揆の像は一新されただろうか。

本書は本願寺方の土豪・地侍を武士に繰り入れている。織田勢は本願寺の城兵を「長袖又は一揆土民」と侮ったが、実は鈴木・湯浅など武名高い者が多くて落とせなかったとか、籠城していたのは「全く土民の一揆」ではなく、紀州に脈々と続く「御家人・在庁（ざいちょう）等」だが、織田方の原田備中守は「寄頭の一揆原共（ばらども）」と思い込んで討たれたとかいう物語が続く。

「寄頭」のほかに「寄集りの一揆原（ばら）」という表現も出る。一揆は平等な立場での結集を指す語で、「寄り集まり」は定義のようなものだが、本書はわざわざ一揆は寄り集まりであると言い、だから一揆は弱いものだがこの一揆はそうではなかったと言うのである。

これまでの軍記は、本願寺門徒が寄り集まりだから弱いとするどころか、「一致」していて強いと指摘していた。『越州軍記』にいたっては、一揆に対する守勢が小河党等の「寄合衆」で不安だと、桂田長俊に嘆かせたほどである。一揆は寄り集まりだから弱いとは、一揆の時代が遠くなったことを感じさせる台詞である。

だが、本書がそれを言う主たる理由は、本願寺の一揆は並みの一揆とは違うとするためであった。百姓の一揆は軽侮すべきものだ、百姓は黙って武士に従うべきだという大前提を変えずに、本願寺の一揆を讃えようとするなら、百姓の寄り集まりでなく訓練された武士の集団だと言い張るしかない。

百姓の活動自体に関心を示さず、百姓を使いこなす武士の智謀に饒舌というのも、他の軍記と変わらない。本願寺方の鈴木伊賀守が「近所の一揆人足共」を城中に入れて武士が多勢いるように見せかけ、少数の本物の武士を率いて攻撃し勝利したという記事もある。

時代の変化に応じて物語は変化する。武装した百姓が姿を消せば、丸腰の歩兵ばかりという設定に改める。幕藩体制が固まってくれば、一揆は逆賊だ、公への敵対だと、大上段から断罪するようになる。百姓・町人をひざまずかせる本願寺の権威が目を引くようになれば、地域によって様々に受け取られていた一揆蜂起の理由が、本願寺の命令一下ということにまとまってくる。

とはいえ、全部が根本から変わるのでもない。軍記は一貫して、本願寺を被治者の寺として蔑視・危険視してきた。『越州軍記』の蜘蛛や蚯蚓、『新撰信長記』の鵜飼漁、『後太平記』の真白犬は極端としても、他の軍記も理解や共感の対象と見なしていない。利用することこそあれ、協力する相手とは考えない。軍記の作者・読者とは住む世界を異にする者として突き放す。それは、本願寺の味方の立場で書かれた『陰徳太平記』でも同じことである。

本願寺門徒は本願寺の阿弥陀如来（もしくは本願寺住職という生身（なまみ）の人間）のみを信じ、性差・生業・居住地・主君の別等を超えて大結集してしまう。まっとうな人間とは違う、虫けらや犬畜生のような連中が巨大な集団をなし、力業を挑んでくるとなれば、大名同士、武士同士で行われる通常の戦いとは別の危機対応が必要になる。

軍記は軍事と治世の教科書として、その教訓を記し続け、宗門内の知識人は治者たちのそうしたまなざしの中で、一揆する宗門としての誇りをおし隠していた。

第六章　法座の文芸（1710〜1770年ごろ）

唱導台本『石山軍記』——石山合戦譚の誕生

唱導台本という言葉に違和感を持たれる方があるかもしれない。「唱導」は「人を仏道に導き入れるための語り」という、仏教界全体に通用する語だが、真宗には「説教」という独自の語り芸があるとされ、その台本は説教本と呼ばれているからである。

しかし、江戸時代には真宗の語りは説法・談義・法談などと呼ばれた。明治政府によって、仏法を説く「説法」等でなく、敬神愛国・皇上奉戴などを説く「説教」を行うよう求められてから、用語が変化したのである。ここでは江戸時代以来の語りを扱うため、明治時代に政治的意図をもって創出された「説教」の名称を採らない。

唱導台本は各語り手が独自に作り直すため差が生じやすく、題名からして「石山軍記」「信長軍記」「石山御寇記」「石山退去録」などまちまちだが（写本数の多いのは「石山軍記」）、ここでは天明六年（一七八六）の奥書のある国文学研究資料館蔵『石山軍記』を中心に見ていく。また、この唱導台本を母胎として『石山軍鑑』『絵本拾遺信長記』など多くの作品が生まれ、史料上ではそれらの総称としても「石山軍記」が用いられている。そこで、混同の危険を避けるため、唱導台本は『石山軍記』でなく「唱導台本」と表記することにする。

さて、唱導台本は『陰徳太平記』から本願寺関係記事を抜き出し、三部の宗門書から若干の記事を加えて編集したものである。三部とは七〇年前に刊行された『本願寺表裏問答』と、宝永八年（一七一一）刊の宗誓作『遺徳法輪集』、正徳五年（一七一五）刊の原隰軒作『本願寺由緒通鑑』である。

成立は『陰徳太平記』が刊行された享保二年（一七一七）から間もない時期と推定される。本書は『陰徳太平記』の罵倒に近い教如批判をそのまま受け継ぐが、そういうあらわな批判はこのころを最後に見られなくなるので、四部の板本が出揃ってまもなく成立したと考えられるのである。

全体像は『陰徳太平記』そのものだが、「大坂」でなく「石山」を基本形とし、聖なる石山と悪の信長の対立の構図を完成させている。ただし、廻国の唱導者は用心深く、『陰徳太平記』にあった「一揆」の語は一度も用いていない。

『陰徳太平記』以外の諸本に拠る物語を順次見ていくと、まず親鸞筆名号の奇瑞譚は『本願寺表裏問答』による創作である。鈴木孫市の子の豊若という少年が織田勢に捕らえられるが、真っ黒な大坊主が突然現れて本願寺へ送り届けてくれる。後で見ると首に掛けた名号に泥と両手の跡がついていたという。

次に「了西身代わり名号」譚は、『遺徳法輪集』にある信濃の寺院縁起を増補したものである。信長は「諸国の門徒」を倒せば堅牢な「石山城」も倒れると考えて、越前では大勢の門徒を殺し、三河では改宗を強いた。了西・金吾という二人の俗人は改宗を拒み、了西は打ち首に処されたが首でなく名号が切れ、信濃に逃れられたという。

最後に、雑賀の島与四郎の勇戦の物語と、摂津榎並庄下辻村の「助」が討死して顕如の感状を賜る物語の二つは、『本願寺由緒通鑑』による増補で、島与四郎は「一人当千」の武士、「助」は一介の「御門徒」となっている。

奪おうとする者から守り抜く戦い

法座の聴き手は百姓・町人だが、『陰徳太平記』には武士の物語しか存在しない。作者は百姓・町人を主人公とする物語や、彼らの好む奇瑞譚・怪異譚を、刊行されたばかりの板本から切り出して付加した。

石山での戦果を誇る物語は意外に少ない。江戸時代前期、幕府が諸家に系図等を提出させ、徳川家への忠義の歴史を語らせたように、両本願寺は全国の末寺に由緒を提出させていた。本山から親鸞や蓮如の直弟寺院と認められれば、それなりの教団内身分が与えられ、参詣者も増大したためであろう、親鸞・蓮如の遺跡・遺物なるもののうち、かなりの部分は伝説的で、明らかに後年の創作とわかるものも多い。

ところが顕如の遺跡・遺物となると、『遺徳法輪集』には、東派の信濃国笠原本誓寺に「大坂籠城のときの御書（門主の法語体書簡）」が伝わり、西派の奥州仙台称念寺に「大坂御籠城の時」の文書の「箭文御書」が蔵されるという程度の記載しかない。後年の創作どころか、現存する顕如関係の遺物数と較べても、いかにも少ない。

両本願寺が信長との戦いで功績のあった寺院に目に見える厚遇を与えていれば、はるかに多数が喧伝されたはずである。一揆を蜂起させて戦った過去は、少なくとも公刊して褒め称えるべきことではなかった。

それでも作者はそういう物語を探し出した。百姓を見下す軍記に百姓の献身を称える物語を付加できるのか、不整合が生じないかという不安など、抱いたこともなかったであろう。法座の語りは一話読み切りである。一話一話が面白ければそれでよい。軍記や宗門書がエピソード重視で文脈・論旨を無視しがちなのと重なる現象である。

武士たちは一揆の時代から軍記を作っていたが、本願寺門徒が戦さを語り始めるには百年以上の時を要した。しかも、『陰徳太平記』という軍記にほとんどすべてを依存することで、やっとスタートラインに立てたのである。

百姓・町人が楽しんだ石山軍記物はこの唱導台本を水源としたため、どれも信長が本願寺の寺地を欲するところから始まることになった。それは『陰徳太平記』の捏造した開戦理由がそうだったというだけで、百年以上に及ぶ本願寺門徒の口頭伝承が文字に落されたわけではない。それにもかかわらず、寺地を奪おうとする信長への決死の抗戦というストーリーは疑われることなく生き続けた。江戸時代の本願寺門徒や、明治以降に拡がった本願寺門徒以外の読者にとって、「ありそう」と納得できる理由だったからである。

逆に時代を遡れば、元亀四年（一五七三）に成った『細川両家記』に、信長が野田・福島の三好氏を攻めたとき、次は本願寺がやられるとのうわさが立ち、本願寺が先手を打って一揆を蜂起させた旨の記事があった。次いで教如派も太田牛一に同じ事情を記させている（『信長公記』の「新門跡大坂退出の次第」）。

領地を取り合う武士同士の戦いではない、寺院や百姓の戦いには、「やられそうだからやった」こそ、同時代から最も「ありそう」と考えられていたのではないか。

『三河物語』は領主の家康が寺内特権を無視したところから一揆が起きたとする。一揆したのは武士だが、あくまでも「寺方」としての扱いである。『越州軍記』は武士や寺院のものを我がものにしようとする貪欲な百姓集団を描いたが、広く流布した『朝倉始末記』では、領主が高田門徒を贔屓したのが一揆の発端とされた。

本願寺門徒は何かを新しく手に入れるために戦ったのではなく、すでに持っているものを奪われそうになり、守り抜くために戦ったというのが、軍記を読む武士にも、唱導を聴く百姓にも受け容れられる解釈であった。

『石山軍鑑』――出版統制に写本で対応する

享保二年（一七一七）一一月、幕府は「好色本は禁止」「他人の家筋や先祖のことを書くのは禁止」「奥付に作者と板元の実名を明記」など、出版に関する規則を定めた。

規則に従えば出版者の権利が守られることになったのだから、出版を保護・育成した面も大きかったが、軍記にとっては桎梏以外の何物でもなかった。家筋や先祖に触れない軍記などあり得ないからである。

「家筋や先祖のことを書くのは禁止」の後に、「子孫からの訴えがあれば厳しく吟味する」と付加されているのが、規則が必要とされた事情を物語る。ある勇者の勝利を描けば、必然的に敗者の無残も描かれる。敗者の子孫が怒れば悶着が起こりかねない。

浄瑠璃や歌舞伎ならば、織田信長を尾田春長、羽柴秀吉を真柴久吉とするような変名を用い、フィクションとうたって禁止を逃れる道もあったが、軍記にはそれも不可能であった。時代が降るにつれて歴史娯楽読み物の色彩が強まるとはいえ、軍記は軍事や治世の教科書でもあり続け、どの藩校にも蔵されていた。フィクションと言い切れば存在意義がなくなってしまう。

残された手段は写本での流通である。刊本にならず写本で流布する実録というジャンルは、そこから生まれた。写本は本来、読みたい人が所蔵者に頼んで写させてもらうものだが、実録には貸本屋が貸し出す商品としての写本も作られ、講釈などの読み聞かせを聴くという形態での享受もあったようである。

『石山軍鑑（いしやまぐんかん）』全六〇巻には明和八年（一七七一）の序文がある。作者の立耳軒（りゅうじけん）は講釈師で、他にも真田幸村・後藤又兵衛（またべえ）・大久保彦左衛門らを主役にした実録を作った。内容的には軍記そのもので（「鑑」は規範・手本の意で軍学書の体裁）、江戸後期の『和漢軍書集覧見立番付（わかんぐんしょしゅうらんみたてばんづけ）』、明治四年（一八七一）の『和漢軍書小説貸本競（わかんぐんしょしょうせつかしほんきそい）』といった軍記の番付にも載っている（前者では東前頭二十枚目、後者では同四枚目）（図11）。

主役は鈴木飛驒守重幸（ひだのかみしげゆき）という架空の本願寺方軍師で、雑賀孫市（鈴木重秀（しげひで））と同族という設定である。作者は『陰徳太平記』出自の唱導台本を大枠としたが、『陰徳太平記』そのものも読んでいた。『陰徳太平記』では天正四年四月五日、「鈴木源左衛門」が本願寺方の「総軍の磬（かけ）引（ひき）の謀主」をつとめており、この段階ですでに架空の謀主だったと思われるが、『石山軍鑑』

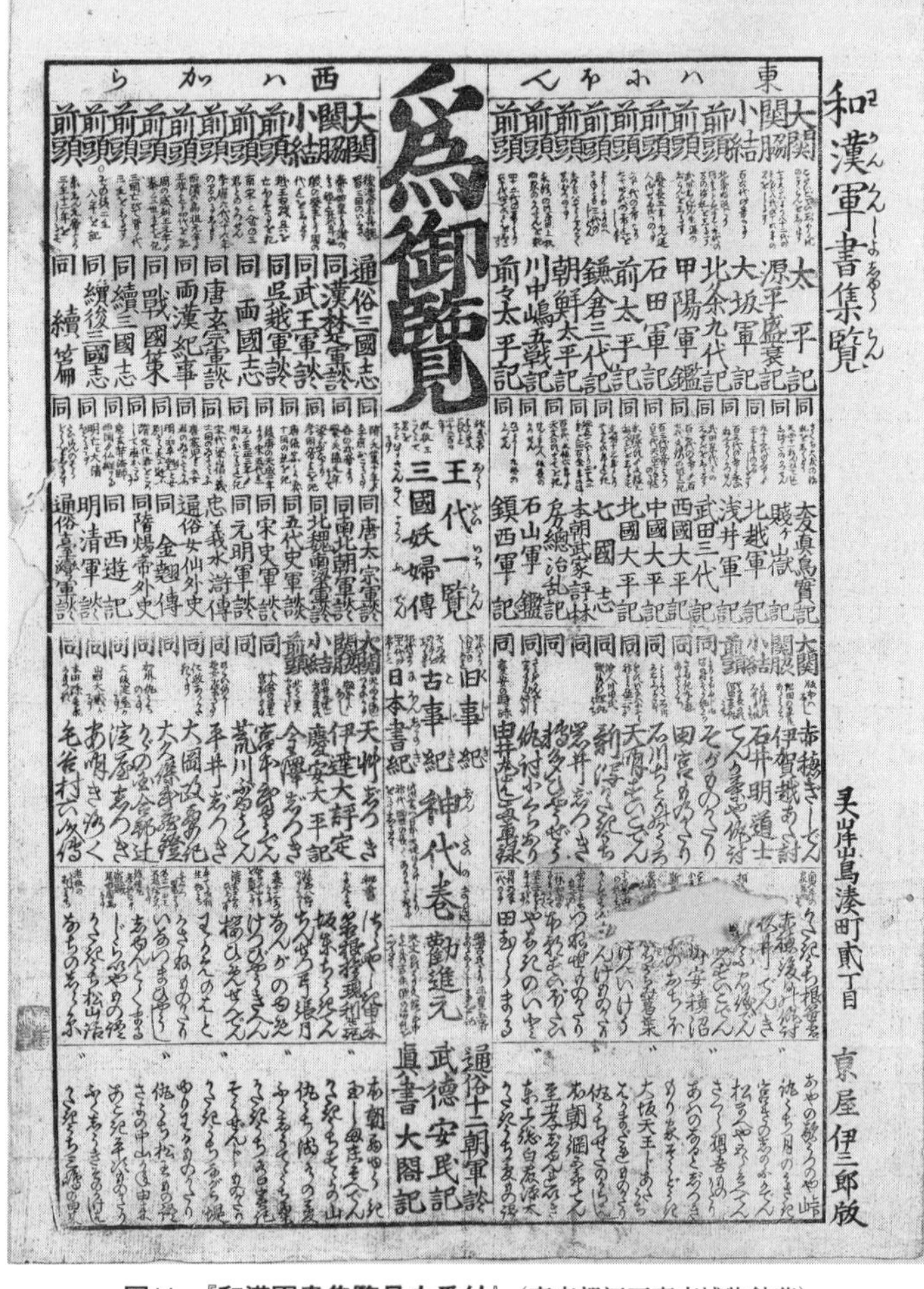

和漢軍書集覧

為御覧

東

大関 太平記
関脇 源平盛衰記
小結 大坂軍記
前頭 北条九代記
前頭 甲陽軍鑑
前頭 石田軍記
前頭 前太平記
前頭 鎌倉三代記
前頭 朝鮮太平記
前頭 川中嶋五戦記
前頭 前々太平記

同 大友真鳥實記
同 賤ヶ嶽軍記
同 北越軍記
同 浅井軍記
同 武田三代記
同 西國太平記
同 中國太平記
同 北國太平記
同 七國志
同 本朝武家評林
同 房總治乱記
同 石山軍鑑
同 鎮西軍記

西

大関 通俗三國志
関脇 同 漢楚軍談
小結 同 武王軍談
前頭 同 呉越軍談
前頭 同 兩國志
前頭 同 唐玄宗軍談
前頭 同 両漢紀事
前頭 同 戦國策
前頭 同 續三國志
前頭 同 續後三國志
前頭 同 續[illegible]篇

同 唐太宗軍談
同 南北朝軍談
同 北魏南梁軍談
同 五代史軍談
同 宋史軍談
同 元明軍談
忠義水滸傳
通俗女仙外史
同 金翹傳
同 隋煬帝外史
同 西遊記
明清軍談
通俗臺灣軍談

王代一覧
三國妖婦傳
旧事紀
古事紀
日本書紀
神代巻

勧進元 武徳安民記
通俗十二朝軍談
真書大閤記

湊町貳丁目
京屋伊三郎版

図11 『和漢軍書集覧見立番付』(東京都江戸東京博物館蔵)
画像提供:東京都江戸東京博物館 / DNPartcom

で謀計の名手に成長を遂げたのである。

一話読み切りから長編へ

作者は本願寺嫌いの『織田軍記』や『明智軍記』も大いに活用し、特に『明智軍記』に拠って構成を組み立て、伏線を張った。

『石山軍鑑』では、明智光秀は毛利家に仕官しようとして、頭頂部に恩を仇で返す「喜怒骨」があるのを元就に見抜かれ、追い出される。越前へ流浪して本願寺門徒に養われながら加賀の一揆を討ち、それを朝倉義景にアピールして仕官を果たす。将軍足利義昭を欺いて信長のもとへ移るよう説き、己の仕官を信長に仲介させる。信長に召し抱えられ、要害無双の地を見立てるよう命じられると、「摂州石山の地」に城を造れば「四海一統の大功」は成就すると答える。出来事と出来事の間に因果関係が設定され、説明に無理がない。一瞥で人の本性を見抜く毛利元就、眼力なく優柔不断な朝倉義景、意欲的だが脇の甘い足利義昭、賢さと思いやりを兼ね備えた木下藤吉郎など、性格のはっきりした人物が続々と登場し、越前一揆、将軍動座、石山合戦と、絵巻物を繰るように物語が展開する。

何十日もかかる長講の講釈には半道敵（半分道化の敵役）が必要だという。客は善玉が悪玉に勝つのを聴いて喜ぶので、善玉が「しょっちゅう勝っている物語」に作らねばならないが、信長の強さは周知の事実だから、本願寺をしょっちゅう勝たせる半道敵は光秀が担った。光秀は主君信長のためでなく己の立身のために本願寺に手を出しては叩かれ、また手を出しては叩かれる。

「喜怒骨」ある光秀に対し、主人公の鈴木重幸には「剣難相（けんなんそう）」があった。幼児期に大明（だいみん）（中国）の儒師に、武士を立てれば無益に犬死すると言われ、紀州新宮（しんぐう）で農に従事していたが、顕如に請われ本願寺に入城する。在俗のまま信仰に生き、己の運命を知りつつ身を犠牲にする重幸は、本願寺門徒の理想像であった。

光秀が石山を城地に推すことで始まる物語は、鷺森の本願寺が本能寺の変で息を吹き返して終わる。重幸は懸賞金を欲する土民に酔わされて寝首を掻かれ、光秀は小栗栖（おぐるす）で同じく土民に殺される。二人は最期まで一対である。

陰の主人公、秀吉

本書によれば、秀吉は信長の麾下（きか）にありながら、本願寺の無事を願い知恵を尽した。天正六年正月、西国はほぼ帰服したから石山は不要と信長に進言して聞き入れられず、次善の策として、宗門破滅でなく「浪人等」の誅罰をと願い出た。そして重幸に手紙を送り、信長は敗軍の恥辱に苦しんで戦いを止められないのだから、本願寺軍師が討死すれば終わらせられると説得した。重幸は受け容れて最後の決戦に臨み、「愚痴の百姓共」を集めて夜討ちを成功させたが、捕われ拷問された数名が「元来匹夫（身分の低い男）の事なれば」合言葉を白状してしまい、本願寺勢は壊滅した。重幸は行方をくらまし信長をつけ狙うが、賞金を狙う博徒の又九郎に寝首を掻かれた。秀吉は重幸の首を受け取って嘆き、又九郎が武士でなく「親代々よりの土民」とあばいて、刑場に引き出し首を打ったという。

『陰徳太平記』と同じ百姓蔑視が見受けられるが、それはそれとして、ここでは本書の秀吉贔屓に注目したい。

東西両本願寺が京都で繁栄していたためだろう、本書には、石山をさっさと信長に渡してしまえばよかったという本音がうかがえる。重幸は当初の評定で退去を是としたが、本願寺家老の「下間・杉浦」が重幸を臆病と罵り、戦さが始まってしまうのである。

この両家老は『織田軍記』に拠る架空の人物で、組織を振り回して危険にさらす善意の指導者である。常に前向きで自信満々、評定のたびに人々の気持ちを攻撃一色に染め上げるが、実は「軍事に疎」く、戦場に出ると重幸に教えられた引け時も忘れて目先の獲物に夢中になる。

軍記の読者・聴き手は町人、村役人クラスの百姓にまで広がっていた。彼らは商家や村内での責任者のあるべき姿、議論の運び方、決定の仕方などを学び取ったのだろう。

軍師重幸と呼応するのは、実は光秀でなく秀吉である。退去の機を逸した本願寺が繁栄できたのは、秀吉の深謀遠慮のゆえであった。当初から密かに本願寺護持の努力を重ね、最終的には信頼するライバルの重幸に身を捨てさせて守り切る。『石山軍鑑』は当時流行し始めていた太閤記物の一角をなすとも言えよう。

激情に任せ障害物すべてを苛烈に叩き潰そうとする信長、信長を焚きつける光秀（本願寺にとって直接の敵役）、本願寺の最大の（信長以上の）脅威でありながら、最大の後援者である秀吉という明確な構図を作者は作り出した。

本願寺はどうしても憎まれる

その一方で混乱を見せているのが、信長が本願寺を攻め続けた理由である。北陸で本願寺門徒と朝倉義景が対立し、通路が塞がれた。足利将軍は京都に米穀が入らないことを案じ、義景女と顕如嫡男（教如）を結婚させた。本願寺と朝倉が同盟関係になると、今度は信長が朝倉と戦うたびに「門徒の一揆」が横槍を入れた。信長は若年時から「宗門を破滅」させたいと願ってきたのであって、一朝一夕のことではない。

これは本書冒頭部での説明である。本願寺と朝倉の同盟までは『明智軍記』に拠るが、その結果信長が宗門破滅を決意するというのは本書の創作である。

次に、本書の大枠を形成している『陰徳太平記』や唱導台本は、信長が西国の脅威に対抗するため、石山の地を欲したとしていた。本書はそれをも踏襲した。

　出所の異なる二つの理由をすり合わせぬまま、第二の寺地奪取説で物語を進めつつ、途中で「情勢の変化で寺地は不要になったが、信長は野田・福島で本願寺に敗れた恥辱から、勝利に拘泥した」という第三の説明を派生させ、それに乗り換えている。

　さらに、信長が本願寺の存在自体を危険視したという第四の説明も、次のようにさりげなく行っている。

　信長は寺地提供を顕如に謝絶され、「凡俗同然、肉食妻帯」の連中が「武士ならずして刀剣を帯し」狼藉を行うのは「一向宗旨あるが故」だ、「匹夫百姓」が「一揆を起し」て国守・代官へ無礼を働くのは「皆これ本願寺門徒の土民等なり」と怒った。そして、放置すれば後には「天下をも奪」おうとするに違いないから、しばらく宗旨を停止させ、天下泰平に帰した後に名僧を選んで本願寺を再興させよう、石山を乗っ取れば「枝葉の族」は自ずと帰伏するはずだと述べた。

　秀吉はそれを聞き、武士でもない者と合戦して悪い評判を立てる必要はない、洛中・洛外や近郷の本願寺門徒は「内福」（金持ち）で、「武士の真似」をして武具・馬具をたくわえ、宗門のこととなると一揆を起こすから、財産を取り上げ「我意（わがまま）の挙動」を不可能にしてしまおうと信長を説き伏せた。そして、信長が三好に荷担した堺を攻めるという噂を流し、町に武装を整えさせておいて、所司代の役人を装い「町人は売買に出精すべき」なのに何事かと脅した。信長は堺の五人の頭役に死罪を言い渡し、秀吉は顕如に五人の首代を集めて助けるよう勧めた。顕如が門徒に「廻章」を発するや、洛中・洛外・近郷の各所から所司代屋敷に続々と大金が運び込まれた。

> 斯の如く庶民を帰順さする事、遂には国家の大敵とも成らん。時機を得ば亡すべきぞと思されけるとかや。

この部分は本書には珍しく曖昧な書きぶりである。「信長は、これほど庶民を帰順させる本願寺を、国家の大敵となる前に滅ぼしてしまおうとお思いになった」と言い切ってしまわず、「お思いになったとか何とか……」とうやむやに言いさしている。

林家の人々や新井白石が本願寺を「悪」や「邪」の領袖のように捉え、強い警戒感を示していたとは、講釈師が知るはずもないが、言わずと知れたことではあったのだろう。経済力があり、武士でもないのに「我意」を実現させようと願う被治者たちの寺を、治者が警戒しないはずはないからである。

ただし、それは朧化するしかないことでもある。出版されない書物だから何を書いてもよいというわけではない。

作者にとって、信長が本願寺を潰そうとした理由など、実はどうでもよかったのではないか。「時機」を得て滅ぼそうとねらっているのなら、きっかけは瑣事にすぎない。

それでは本願寺が生き延びるにはどうすればよいのか。

本書の終幕近く、信長の死の直後に、秀吉は中国大返しの途中で姫路の教如を訪ね、本願寺の大檀那となることを約束して、顕如が光秀に誘引されないよう説得を依頼した。天下一統後、秀吉は京都西六条に本願寺を再建し、家康は東六条の地を教如に与えて、「東西双び立て、宗風四海に普ねく」なったところで、この物語は大団円を迎える。

天下一統の武将たちと渡り合うのでなく、彼らの庇護を受け、彼らの意向に沿って庶民を帰順させるのが、宗風をあまねくすることなのであった。

「諸国の一揆」への否定的視線

本書では「一揆」の語は『織田軍記』や『明智軍記』に拠る部分にしか出ない。唱導台本や『本願寺表裏問答』はこの語を避けているからである。

楠正成子孫の楠正具が伊勢大河内城の主君を援護しようと「本願寺の贋状」を作り、「長島門徒」の「百姓・町人」に「一揆」を起こさせて織田勢を撃退する場面は、『織田軍記』の永禄一二年（一五六九）の大河内城の戦いと、翌年の長島一揆という二つの記事によって作られた。

正具は六千人の門徒を催して、織田の陣内の数百匹の馬の尾に煙硝を付けさせ、大混乱の中で敵を壊滅させた。秀吉は、「一揆の分際」にこれほどの企みは不可能だから、本願寺の指令ではないと気づいた。正具は顕如に事実を告白し、自ら信長のもとへ出頭したが、処刑の場で親鸞筆名号の奇瑞があり、秀吉の取りなしで本願寺に戻った。正具は後に摂州三番の定専坊に入り、櫓に上がって織田勢の戦意を殺ぐなど、先祖顔負けの大活躍をしたという（本書では櫓に上がるのは顕如ではなく、顕如のふりをした三番定専坊である）。

本書はこうして長島一揆を本願寺のあずかり知らぬところとしたが、「一揆」を別の語に置き換える場合もあった。たとえば『織田軍記』が、越前で信長が「一向坊主」七〇〇人余、「一揆の郷民」一二二五〇人、「其外男女」を数知れず切り捨てたとしていたのを、本書は「坊主」一五〇人、「檀越」五七〇余人、「其外士卒」が数知れず討たれたとしている。殺された人数を激減させ、「一揆の郷民」を「檀越」、「男女」を「士卒」に直すのが、本願寺側に身を置く書き方と判断したのである。

本願寺の一揆は武士だという、『陰徳太平記』の言い訳めいた言辞を、作者はさすがに採らなかったが、百姓・町人に温かい視線を注ぐのでもなかった。百姓には愚痴・無智・愚昧などの語を枕詞のようにかぶせ、町人もまた「百姓・町人の分際として」「町人の身として」など、常に武士に腰を屈しているべき存在として遇した。

重幸が織田の本陣を水没させる話では、百姓にはあらかじめ堤を崩れ易く築かせる役と、味方の武士を現場に連れて行く役しか振っていない。堤を崩し、水をなだれ込ませる見せ場で大写しになるのは武士である。

下辻村の仁助は例外的に大きく扱ったが、敵の武士と差し違えて死ぬ「百姓に似合ぬ挙動」への絶賛であった。「百姓門徒」の軍勢にはいちいち「下郎」や「烏合」をつけ、「寄集りの下郎」「烏合の集り勢」などとしている。

元亀元年九月二三日、秀吉が信長に言上したという。本願寺勢は浪人・百姓・商人ばかりだが、織田方の諸将はみな名高い武士で、足軽・士卒にいたるまで訓練を積み、合戦に慣れている。今回は重幸の謀計にしてやられたが、正攻法で戦えば、味方の一人は敵の三人に相当する。今は軍を引いて時を待とうというのである。同じころ重幸は血気にはやる若者たちを抑えていた。織田方は小勢でも「皆これ腹心の郎等」だから、その一万は本願寺方の五万にも当たるという理由である。

一八世紀後半には、武士たちは百姓集団に肉迫される恐怖を忘れ、本願寺門徒もまた、丸腰の百姓の寄り集まりが大名の常備軍に勝てるはずがないと感じるようになっていた。「非力な百姓が死を覚悟して武士に抗する」という一揆イメージが固まっていく。

さらに重要なのは、本書がこの弱点を平時に応用したことである。加賀の一揆は「元来愚蒙」の百姓ばかりで「国の仕置(しおき)」ができず、本願寺から役人の派遣を受けた。越前でも「門徒一揆」が国主を倒したものの「一揆の事なれば法令立たず」、この村は自分の支配だ、あの郡は自分の領分だと争って収拾がつかなくなり、土地を「本願寺へ捧げ、地頭役人を申し受け」てその下知に従ったという。

愚かな百姓に自治はできない。自ら掘った欲望の泥沼にはまって溺れ死ぬ、『越州軍記』に発した愚民像は、『朝倉始末記』『織田軍記』を経て本書で焦点を結んだ。

愚かな百姓は被治者でしかあり得ないのなら、百姓の幸せは治者への従順にあることになる。経済的利得を望む北陸の百姓の一揆や、三好氏を支援する堺の町人の一揆を、本書は決して肯定しない。

愚民の一揆は自壊が必然であるにもかかわらず、本願寺が役人を派遣することで、その限界が克服されてしまうなら、本願寺と一揆の共闘が続くかぎり、信長の天下一統は不可能という理屈になる。だが、本書はそういう理屈を展開しない。治者は武士に決まっている。百姓・町人は黙って従うべきものという常識は厳然としている。

本願寺護持のための一揆

秀吉は元亀元年九月三日、本願寺を攻めれば諸国の門徒を敵にまわしてしまう、本山の難儀（なんぎ）となれば彼らは必ず一揆を起こすと信長を諫めるが、聞いてもらえない。石山では近国に触（ふれ）状（じょう）を廻し、「五畿内は勿論、紀州・江州・尾州・勢州」の門徒等が「馳せ集まる」。作者は唱導風の七五調で、「仏恩報謝（ぶっとんほうしゃ）の軍（いくさ）」で死ねば浄土に直行できると説いた。

> 弥陀方便を力とし、敵と引っ組み討死せば、直ちに西（さい）方安養（ほうあんよう）の、蓮の台（うてな）に到れるぞよ、仏恩報謝の軍なれば、少しも厭（いと）う事なかれ、唱えよ信ぜよ南無阿弥陀仏、南無阿弥陀仏と諸軍勢、皆同音（どうおん）に称名し、（図12）

図12　節談（ふしだん）（写真撮影・提供：西山郷史氏）

天正七年秋、信長は秀吉の不在時をねらい石山を攻めた。重幸はすでに秀吉との最終決戦に敗れ行方不明になっていたが、遺言として「紀伊・大和・河内・和泉の御門徒の百姓」に、早鐘を合図に攻撃するよう命じてあった。鐘を聞いた近隣の百姓が遠方の村里へ順次言い送り、老若男女が駈け集まった。

途中に待居る百姓共、竹槍・鋤・鍬等にて横合より突き立て、殴き立て、老いたる者は胡椒の粉を紙袋に詰めたるを、道端の小高き所より目鼻の嫌いなく面部を目懸けて投げ付け、また女童は擂木・杓木抔勝手道具を振り立て、法敵免すなと殴き立て、七八十の老人まで牙を噛み、法敵の天魔を打ち殺さんと、門徒等が心計りの加勢なれども、群り立って攻め立ける故、織田の大軍、此の勢いに追っ立られ、狼狽廻って敗走す。

「百姓共」は竹槍や農具しか持たない。老人は胡椒の粉を紙袋に詰めて投げ付け、女子供は擂木や杓子を振り立てるといった「心ばかり」の加勢だが、織田勢は大群集に包み込まれて敗走したという。

江戸時代には胡椒と唐辛子の両方がコショウと呼ばれた。百姓が投げるなら、日本で栽培されている唐辛子の方だろうか。まるで漫画のようだが、島原天草一揆では熱砂や灰を浴びせた記録がある。

鷺森合戦時も近郷の百姓が駆けつけたものの、力及ばず陥落かというとき、下間頼廉が大声を上げた。

早く死て此趣きを極楽浄土へ注進し、仏の御加勢を願い、弥陀の利剣を授かり、再び此土へ来って、法敵信長を誅伐すべきぞ。勇めや者共。

討死して極楽往生した者は、阿弥陀如来の利剣（本来は煩悩や悪魔を打破する仏の智恵を言う）を帯びてこの世に戻り、法敵信長をやっつけるのだ、いざ出陣。

古来の善知識信仰がふと顔を出す。親鸞でも本願寺住職でもない生身の如来の群れを、本書はほんの一瞬だが幻視して見せた。つきつめれば本願寺門徒は誰もみな如来である。此岸で苦しむ同朋を救うため、先人たちも彼岸から駆けつけて来ているのだろう。百姓が極楽往生するには、百姓の寺である本願寺を、百姓自身の手で守り抜くほかない。

作者は本願寺護持が目的の場合にかぎって、門徒の蜂起を誇り高く肯定した。弘誓の舟と南蛮船が並んで入港していた『信長公記』の本願寺と、信仰上にのみ存在価値を認める本書の本願寺との懸隔は、実に大きい。

『石山軍艦』成立の数年後から、本書を種本として、本願寺の戦いを描くさまざまな物語が華やかに展開し、本願寺門徒が信長への抵抗を先人の偉業として讃えるようになった。この書物こそ「庶民の石山」成立の立役者であった。

だが、『石山軍鑑』は、本願寺嫌い、本願寺門徒嫌いの多くの軍記と同様に、被治者を黙って従うべきものと考えて疑わない、治者目線の書物であった。架空の軍師が愚かな百姓どもを縦横に使いこなし、天下の信長をぎゃふんと言わせる場面が拍手喝采されたのであって、内容的には決して民衆的と言われるような書物ではない。

第七章　「庶民の石山」の系譜（1770〜1880年ごろ）

『信長記拾遺』――本願寺の規制と仏書屋の冒険

『石山軍鑑』から五年後の安永五年（一七七六）、西本願寺の寺内で仏書出版を営む吉野屋為八という本屋が、秋里籬島著『信長記拾遺』を刊行した。

「信長記拾遺」とは「『甫庵信長記』が書き漏した史実を拾い集めたもの」の意である。江戸時代の法はいつのまにかうやむやになることも多いが、堂々と軍記を出版するとはいい度胸である。

しかも、本書は『甫庵信長記』を参照しているが、日付けや人名を補う程度のことで、実は『石山軍鑑』を読みやすく書き替えたものであった。『甫庵信長記』を持ち出したのは、幕法ならぬ本願寺の禁圧をすり抜けるための偽装であろう。

東本願寺は早くから真宗浄瑠璃の上演や浄瑠璃正本（浄瑠璃の詞章に節譜を施した本）の出版に目を光らせてきた。変名を用いてフィクションの形にしても許していないので、幕府よりよほど厳しい。西本願寺も禁圧に加わることがあり、文化七年（一八一〇）には江戸での親鸞物浄瑠璃が両本願寺の圧力で上演を止めている。

もっとも、浄瑠璃正本など、庶民対象の平仮名書き親鸞伝は町奉行を動かして差し止めたが、本格仏書形式の片仮名書き親鸞伝（学問的著作）はほぼ放任であった。後述のとおり歌舞伎には石山軍記物の上演例がある。義太夫は長屋住まいの八つぁんもうなるが、歌舞伎見物にはそれなりの財力が要るから、本願寺の統制しようとした階層が特定できようというものである。幕府が本願寺門跡に期待したのはこの力であったとも言えよう。

秋里籬島は浄土宗から真宗西派に改宗した人物で、著作の刊行はこの『信長記拾遺』が最初であった。本屋は無名の門徒を起用して危ない出版に踏み切ったのである。籬島への賭けは当たって、第二作の『都名所図会（みやこめいしょずえ）』がベストセラーとなり、本屋は西本願寺寺内を出て本屋街の五条へ進出した。

『信長記拾遺』のストーリーはほぼ『石山軍鑑』そのままだが、『石山軍鑑』にない荒唐無稽にすぎる話が紛れ込んでいる。たとえば『石山軍鑑』で三番定専坊（楠正具）が顕如になりすまして櫓に上がる場面は、本願寺の僧侶たちが櫓上で雅楽を奏で、織田勢が感動して戦意を喪失する話になる。毛利の水軍が兵糧を搬入する場面では、海中に仕掛けておいた「水底龍王砲」が火を噴き、海上一面が炎となって織田の軍船を焼き尽くす。

『石山軍鑑』は事実の記録であることを主張したが、『信長記拾遺』は事実の記録でないことを主張した。いや、本当は事実の記録なのだが、差し止められぬよう事実の記録でない風を装っているのだと主張した、と言う方が適切だろうか。

『帰命曲輪文章』――大坂での歌舞伎上演

安永九年（一七八〇）には大坂吉沢座で、並木五兵衛（初代並木五瓶）・並木十輔合作の歌舞伎『帰命曲輪文章』が大当たりとなった。親鸞五五〇回忌の文化八年（一八一一）に大坂、六百回忌の文久元年（一八六一）に京都で再演されているから、本願寺は見ぬふりをしたのだろうが、芝居関係者は用心の上にも用心を重ねていた。

もとはといえば宝暦七年（一七五七）、大坂豊竹座で人形浄瑠璃の『祇園祭礼信仰記』（本願寺とは無関係の曲）が大当たりをとったことに始まる。そこでは足利義昭（法名覚慶）が「慶覚」の変名で呼ばれていたが、『帰命曲輪文章』はこれをもうひとひねりして、「足利の正統慶覚上人」の名で義昭を指すと見せかけて顕如（本願寺の正統）を指し、「毒虫小田春長」（織田信長）や、その家臣だが「義を守る武士」の真柴久吉（羽柴秀吉）を配した。

本願寺と信長の戦いを劇化しようという発想自体が、すでに本願寺対応であった。本願寺門徒を芝居小屋に呼び込もうと、浄瑠璃太夫たちはまず親鸞物、それが本願寺に叩かれれば蓮如物、さらに親鸞以前の七高僧（龍樹・曇鸞など）や親鸞の弟子などと、新しい題材を探し続けてきたのである。『石山軍鑑』は実に魅力的な新出素材であった。

この歌舞伎上演以来、慶覚の名は顕如の変名として定着し、寛政二年（一七九〇）初演の浄瑠璃『近江八景石山遷』、同三年の『彫刻左小刀』、同一一年の『絵本太功記』の「杉の森の段」と続いていく。

『帰命曲輪文章』の筋立ては次のようである。

小田春長（織田信長）は西山金閣寺を根城とする唐僧満入に東山銀閣寺（石山本願寺）を与えようとし、銀閣寺住職の阿弥陀坊慶覚（顕如）に拒絶されて戦さとなった。銀閣寺軍師の鱸喜多之頭景依（鈴木飛騨守重幸）、家老花熊少進霜貫（下間少進）とその娘の傾城信楽、信楽の夫の柴田勝家、春長家臣の真柴久吉（羽柴秀吉）らの働きで満入の妖術は破られ、慶覚は無事に河州佐田の森（紀州鷺森）へ向かった。春長は満入（足利義教を暗殺し幕府方に討たれた赤松満祐の後身）に奪われた神璽を取り返すため、銀閣寺を滅亡させてみせたのであって、満入破滅後は銀閣寺に帰依し、都六条に寺を再興した。

櫓上の慶覚を見た小田勢が「生如来」にひれ伏したり、「御開山親鸞上人の御真筆」が奇瑞を見せたりする場面では、客席から念仏の声が湧き上がったことだろう。

愚かな百姓・町人を支配に服させ、自滅から守ってやれというのが軍記の教えだが、歌舞伎や浄瑠璃の観客は、従順さを支払って庇護が得られれば満足というのでもなかったらしい。自ら考え、行動する、武士のようなあり方を求める思いが随所に溢れる。

また、景依の母のお幸、妻のお石、傾城信楽・岩国といった女たちが舞台を回していく。思えば軍記に登場する女性は百姓の「男女」だけであった。軍記は男性のみで成り立つ物語であったことを、歌舞伎はあらためて思い知らせる（図13）。

図13　「帰命曲輪文章　絵尽し」
（国立国会図書館蔵）

最後に、銀閣寺の「重宝」とされる「裏菊の判」（江戸時代の西本願寺は菊花紋を使用）が、「人数を集むる御印文」「人数を集める廻文」と呼ばれているのに目を留めたい。歌舞伎ではこの寺の重宝は百姓を集める力であった。

『信長公記』が野田・福島の戦いの際に「一揆蜂起」したと書いたところを、『細川両家記』（後半部）は本願寺が鐘を撞くと即座に「人数集りけり」と記した。二百年後の町人たちも「人数を集める」の意味を知っていた。ただ、一揆厳禁の時代のこと、裏菊の判を押した書状を廻す場面は存在しない。

太閤記物と石山軍記物

寛政年間（一七八九〜九八）には秀吉を主人公とする浄瑠璃・歌舞伎が流行した。それらの種本である『太閤真顕記』は作者不詳だが、講釈師と推定されている。加藤清正・後藤又兵衛等の活躍を見せる外伝的な作品も上演され、太閤記物の壮大な「世界」が展開した。石山軍記物は巨視的に見ればその一角をなすとも言えよう。

『太閤真顕記』の毛利元就は「頂骨突出」する明智光秀を追放するが、信長は秀吉の制止を無視して召し抱え、光秀の進言にしたがい「摂州石山本願寺の地」を奪おうとする。「本願寺門徒」の「一揆」が各地で蜂起し、穏便に済ませようとする秀吉の苦心をよそに、信長は本願寺に戦いを挑んでは、そのたびにしてやられる。

『石山軍鑑』で鈴木重幸の「剣難相」と対になるものとして創作された光秀の「喜怒骨」は、石山合戦譚から独立して光秀の属性となった。

そのころ、大坂北堀江座の座元豊竹此母と、座付き作者菅専助らは、差し止めの危険のある題材の劇化に成功していた。五年前に起きた田沼意知（意次嫡男）の刃傷事件を浄瑠璃にして、前半のみをまず上演し、咎められないのを確かめたうえで、翌々月に全編上演し完結させたのである。

神津武男によれば、此母はこれで自信を得たのか、寛政二年（一七九〇）七月に『近江八景石山遷』の前半を、翌年三月に『彫刻左小刀』の名で全編を上演している。

近江石山は大坂石山を指し、鈴木飛騨之助重幸（鈴木飛騨守重幸）、三田浄円（三番定専坊）らが登場した。しかし、東本願寺の厳しさはやはり幕府の比ではなく、此母は上演を差し止められ、正本は絶板になった。

劇化される絵本読本

信用経済の町人社会は教養を欠いては成り立たない。『都名所図会』は編集力抜群の秋里籬島の文章と、ふんだんに差し込まれた見開き二頁の精密な鳥瞰図によって、京都の歴史・地理・文学の知識を読者に与え、ベストセラーになった。

治者たちの専有物だった知識を、町人がビジュアルな大型本で手に入れる。新しい読者層に支えられて「図会物」は地誌の範疇を越え、絵本読本と呼ばれるジャンルが開けた。

その嚆矢となったのが、大坂の勝尾屋六兵衛・播磨屋新兵衛らが協力して刊行した、武内確斎作・岡田玉山画『絵本太閤記』である。実録の『太閤真顕記』を種本とし、寛政九年（一七九七）から享和二年（一八〇二）まで三年以上をかけて、全七篇八四冊にも膨れ上がった。
流行作は劇化される。大坂では寛政一二年（一八〇〇）七月に浄瑠璃『絵本太功記』、翌年に歌舞伎『恵宝太功記』が初演された。小田春長に疑われ、挑発された明智光秀が、謀叛へと追い込まれていく悲痛を描いて、今も評判が高い。

ところが、全一三段（「発端」がつくので実質的には一四段構成）中に光秀の謀叛と無関係な一段がある。第七段の「杉の森の段」は鱸喜多頭重成（鈴木飛驒守重幸）・孫市父子が主役なのである（重幸・孫市は親子の設定）。光秀以外の人物を語る段はほかにもあるが、春長没後の杉の森（鷺森）合戦を一段にするのは、いかにも不自然である。

浄瑠璃興行の中心である大坂は本願寺門徒が多い。興行の鍵を握るのは本願寺門徒であった。京都には法華宗徒が多いので、浄瑠璃興行も日蓮物が目立つ。

ところで、『太閤真顕記』は長いばかりで印象散漫だが、『絵本太閤記』は登場人物たちの躍動する名作である。これについて濱田啓介は次のように分析した。

講釈師の手になる『太閤真顕記』はその場その場を楽しませることには熱心だが、長期的な仕込みや伏線に意を用いない。『絵本太閤記』にはあらかじめ設計図が作られている。たとえば光秀を登場当初から反逆者というロール（役割、役目）として扱い、毛利元就・木下藤吉郎を喜怒骨を看破する卓見具眼の人として扱う。構造明確な『絵本太閤記』を読む者は、光秀の謀叛に至る心理をいかにもありそうなこととして受け容れ、光秀に感情移入して、もっとも至極と納得する。これこそ歴史の筋がよくわかるように通ったということであるという。

だが、『絵本太閤記』の光秀が喜怒骨を持って生まれ、毛利元就が具眼の士とされた次第を振り返ってみれば、『石山軍鑑』が剣難相ある鈴木重幸と、喜怒骨ある光秀の絡み合いで話を進めたことに帰着する。

さらに遡って、『石山軍鑑』が元就を具眼の士とし、光秀を半分道化の敵役に選んだわけを問えば、『陰徳太平記』が毛利氏・吉川氏の称賛を使命とし、真宗西派の宗門書から東派批判を目的とする鷺森合戦譚を引いたためである。なぜ『陰徳太平記』が西派贔屓なのかといえば、毛利領・吉川領が西派の地盤だからである。

光秀や元就は偶然『絵本太閤記』に躍り出たわけではない。寛永の昔から百数十年をかけて積み上げられてきた、口語りと文字の協業の分厚い層の上に、武内確斎という優れた一人によって文学史的な画期が生み出されたのである。時代を変える優秀な一人の後ろには、平凡な大勢がひしめいているということである。

『絵本太閤記』と『絵本拾遺信長記』——江戸後期の発禁本たち

『絵本太閤記』には野田・福島の合戦が描かれず、それがあるべき箇所に次のような一文が書き込まれている。

> 信長摂州中島出陣より、三好一党、本願寺門徒等との合戦、詳には絵本石山軍鑑に載せて、追って板行す。故に譲りて爰（ここ）に略す。

本願寺関係の出来事はこの書物には載せていないので、「絵本石山軍鑑」で読んでほしいという。『絵本太閤記』とセットになる書物として、『絵本石山軍鑑』が計画されていたのである。

確かに『絵本太閤記』には本願寺が登場しない。本能寺の変の直後に当たる六月四日の箇所に、本文より一字下げた長い註のような形で、和睦の勅命から鷺森合戦、東西分派、両本願寺の建立までを説明するだけである。

ところが『絵本石山軍鑑』は出版された形跡がない。大坂本屋仲間（なかま）の記録である『開板御願書扣（ひかえ）』によれば、寛政一二年（一八〇〇）一二月九日、大坂の誉田屋伊右衛門（ほんだやいえもん）という本屋が、「秋里仁左衛門（にざえもん）」（秋里籬島）を作者とする「絵本拾遺信長記」の開板願を提出し、享和三年（一八〇三）に播磨屋五兵衛・誉田屋伊右衛門・和泉屋源七が共同で刊行している。『絵本石山軍鑑』として計画された書物が、実際には大坂の別の本屋から『絵本拾遺信長記』の名で刊行されたのか、あるいはまったく別に『絵本拾遺信長記』の出版が計画・実行されたのか、判断するすべがない。

とはいえ、『絵本拾遺信長記』が『絵本太閤記』の強い影響下に、『石山軍鑑』を第一の種本として作られたことは確かである。『絵本拾遺信長記』巻一〇の「孫六踊事」「有馬御見舞」の二図は、「織田勢が鷺森から退いたとき、本願寺方の鈴木孫六は前日の戦いで脚を撃たれていたにもかかわらず、本堂に上り歌い踊った」とか、「顕如没後、その後室が有馬温泉の秀吉を訪ね、本願寺を長男教如でなく三男准如に継がせたいと訴えて認められた」とかいう本文に対する挿絵だが、明らかに『絵本太閤記』第三篇巻一一の「鈴木孫六蹲踆（ちんば）踊の図」と「顕如上人の後室秀吉公へ訴訟の図」に拠っている（図14）。

もしかするとこれは浄瑠璃太夫らの手法と通じるのかもしれない。差し止めの危険のある題材の一部をまず世に出して様子をうかがい、やれるとなれば残りも出す。大坂で人気があるのは秀吉と本願寺だが、本願寺に比べれば幕府の厳しさなど物の数ではない。太閤記物が先、後から石山軍記物という順番は妥当な線ではある。

少なくとも『絵本太閤記』の本屋が本願寺の規制に配慮していたのは間違いない。先の「本願寺関係は絵本石山軍鑑として別行する」という本文中の宣伝文は、後刷りの本では「秀吉は陣を堅めて三好らの攻撃に備えた」という毒にも薬にもならない文章に差し替えられている。本願寺から何か言われたのか、言われそうに感じただけか不明だが、本屋は幕府以上に本願寺

図14－1　『絵本太閤記』第三篇巻十一「鈴木孫六蹲跛踊の図」
（早稲田大学図書館蔵）

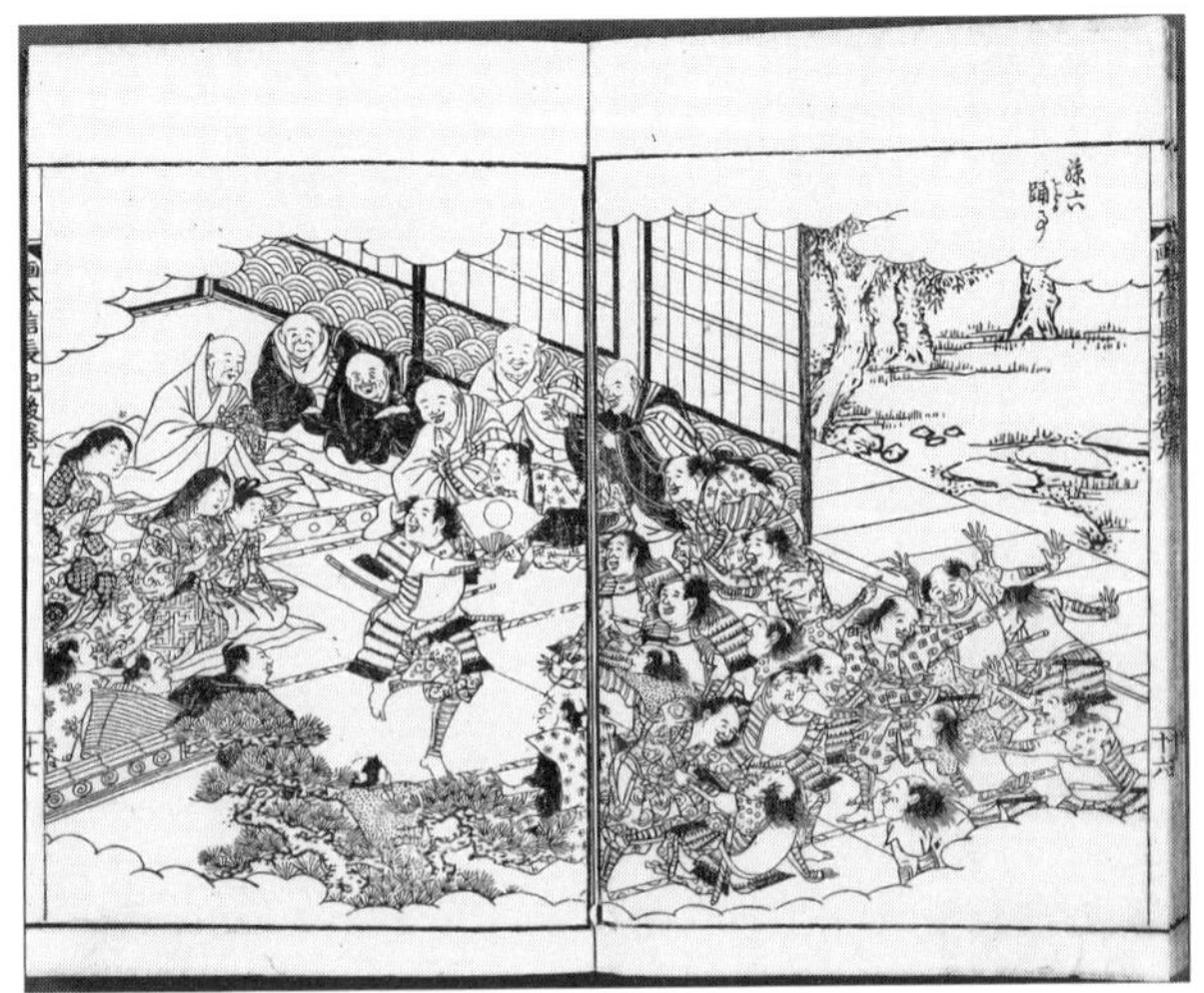

図14－2　『絵本拾遺信長記』後篇巻十「孫六踊事」
（早稲田大学図書館蔵）

を恐れていたのである。

ところが、本屋の読みは大きく外れた。享和三年（一八〇三）四月に『絵本拾遺信長記』全二三冊が完結した直後、五月一七日に幕府の絵草紙取締が行われ、「天正以来の武将」に関する出版が禁じられた。

幕府にとって太閤ブームが愉快なはずはない。売れすぎた『絵本太閤記』はねらい撃ちにされ、『絵本拾遺信長記』も一緒に絶板・回収処分となってしまった。

それはそうと、『絵本太閤記』には岡田玉山、『絵本拾遺信長記』には丹羽桃渓（前篇）・多賀如圭（後篇）という絵師の名前だけが表紙や奥付に記され、文章を書いた人の名がない。絵本読本は挿絵が第一ではあろうが、『絵本太閤記』で初めて名の売れた武内確斎はともかく、秋里籬島は前々から著名だったのだから、名を冠した方がより売れそうなものである。なぜそうしなかったのかわからない。

実を言うと『絵本拾遺信長記』は籬島作ではないという説がある。籬島の作品はどれも種本に忠実だが、『絵本拾遺信長記』だけはそうでないからである。

本書の構成は確かに『石山軍鑑』から離陸したように自由で、文章は軽妙、他の籬島作品の堅い文体と大差がある。別人の作という意見も感覚的にはわかるが、籬島作でないという物的証拠はない。

もし別人の作であれば、三人の本屋が示し合わせて本屋仲間を偽るという異常事態が起きていたわけで、そのようなことが可能だったのか、そこまでする動機は何なのか、解明されなければならない。ここでは本屋仲間記録にある作者名を尊重し、「秋里籬島作とされるが、別人の作という意見もある」というところまでにしておきたい。

中央と地方の連携

江戸時代には作者の権利（著作権）は成熟しておらず、本屋の権利（板株）が絶対であった。別の本屋による海賊版（重板）や類似本（類板）も、板株を持つ本屋が本屋仲間に訴え出て出版を止めることができた。

『絵本拾遺信長記』の前篇を締め括る巻一三の巻末に、『甫庵信長記』『織田軍記』『信長記拾遺』の広告が載っている。大坂の本屋は類板で訴えられることのないよう、先行作の板株を入手していたのである。

作者はそれら先行作を執筆資料として本屋から受け取っていたらしい。『絵本拾遺信長記』の種本は『石山軍鑑』と、これに忠実な『信長記拾遺』だが、第三の種本は信長を英主と讃える『織田軍記』であった。読み物としては『信長記拾遺』より『絵本拾遺信長記』の方が格段に面白いが、その差の過半は『織田軍記』を使えたか否かによると言ってもよいほどである。

『織田軍記』は天下一統を目指す信長を描くため、この国全体への広い視野を持つ。『石山軍鑑』は『織田軍記』を参照しながら地方の出来事に無関心だったが、『絵本拾遺信長記』は『石山軍鑑』と『織田軍記』の併用によって、地方の門徒集団の戦いを「本願寺の戦い」のなかに位置づけた。

朝倉義景と本願寺門徒の対立で京都に米穀が入らなくなり、足利将軍が義景女と顕如嫡男教如を結婚させると、今度は信長が朝倉と戦うたびに門徒の一揆が横槍を入れた。本願寺を破滅させたい信長は、西国の朝敵を抑え天下泰平にするという名分で石山の地を要求した。本願寺が断れば、それを口実に征伐しようというのである。本願寺軍師の鈴木重幸は、要求を受けても断っても潰されると判断し、合戦を厭い移転を望む顕如を説得して、朝倉・浅井や比叡山との共闘を決した。諸国の門徒の一揆が蜂起し、長島では織田信興が自害した。

このように、全国の大名や寺院勢力の織りなす複雑な関係のなかで、信長、秀吉、本願寺、そして加賀・越前・近江・摂津・伊勢等の門徒集団がそれぞれに知恵を絞り、行動するさまが、因果関係をもってわかりやすく説明されている。

本書も軍記の伝統の中にある書物だから、主人公の重幸をはじめ、名前を付されて活躍する登場人物のほとんどが武士である。無名の百姓・町人はただ「沓(くつ)の子（靴の底に打った釘）のごとく」「村雲のごとく」、「寄集り」「馳集り」して頭数の勝負を挑むにすぎない。ただ、そういう場面が繰り返されるため、「諸国の門徒」が石山の本願寺を推戴しているのだと、読者は自然に納得してしまう。

作者は『織田軍記』を座右に置くことで、『石山軍鑑』と異なる視座に立つことができた。『石山軍鑑』は摂津の本山と武士門徒だけを見つめていたが、本書は日本地図を広げ、その上に本山と地方の百姓門徒の連携を描き出したのである。

秀吉が本願寺を軍事利用する

『絵本拾遺信長記』は光秀に特別な役割を振らず、鈴木重幸の相方を秀吉とした。『信長記拾遺』もすでにそうなっていたが、本書の秀吉は『織田軍記』に拠って造形されていて、演劇界で定番の寛仁大度(かんじんたいど)の秀吉ではない。

秀吉は近江で一揆を琵琶湖へ追い落し、漁師が鵜を使うように湖上を追い回して斬り殺させた。越前では大雨の日の不意討ちを信長に進言し、信長がこれを容れて「土民男女かぎらず」「一人も残らず撫切(なでぎり)に」せよと下知したという。第一章に掲げた「親を失ひ子を殺され」る「人民」像はこのときのものである。

信長は「憎し」と思う土民を皆殺しにして喜ぶ程度の人物だが、秀吉は信長のそうした性向を利用して命令を下させ、北国を「平定」した。小男で猿のように醜いけれども、威風凜々、眼光人を射て、重幸は正視できない。「誠に天性の人傑」、乱世を鎮めるのはこの人と見抜き、天正六年二月、秀吉の勧めに従い討死しようと決意した。

> 終に天下を掌握せん者は秀吉にこそ見究めたれ。されば秀吉と対戦して忠節の死をいさぎよくし、渠（かれ）が心を感動せしめんこそ、本願寺永久の謀（はかりごと）なり。

重幸はもはや信長を相手にしていない。やがて天下を取るに相違ない秀吉に潔い死にざまを見せて感動させ、宗門の永遠の繁栄を手に入れようというのが、本願寺軍師の最後の謀略であった。若年ながら聡明な教如がその遺志を継いだ。

本能寺の変の後、秀吉が中国大返しのさなかに姫路で教如と会談し、顕如の説得を依頼した。そこまでは『石山軍鑑』のままだが、本書の秀吉は単に光秀に荷担しないよう頼むのでなく、本願寺再建を条件に、秀吉への積極的な荷担（門徒の軍事動員）を説いた。教如の話を聞いた顕如は「五畿内の門徒」に廻文して「秀吉が軍（いくさ）」を助けさせ、秀吉は「天下一統」を成し遂げたという（図15）。

作者・成立年未詳の実録『豊臣鎮西（ちんぜい）軍記』に本願寺が秀吉に荷担する物語がある。天正一四年、秀吉は顕如に薩摩下向を依頼し、家臣二人を顕如の若党（わかとう）に仕立てて送り出した。二人が顕

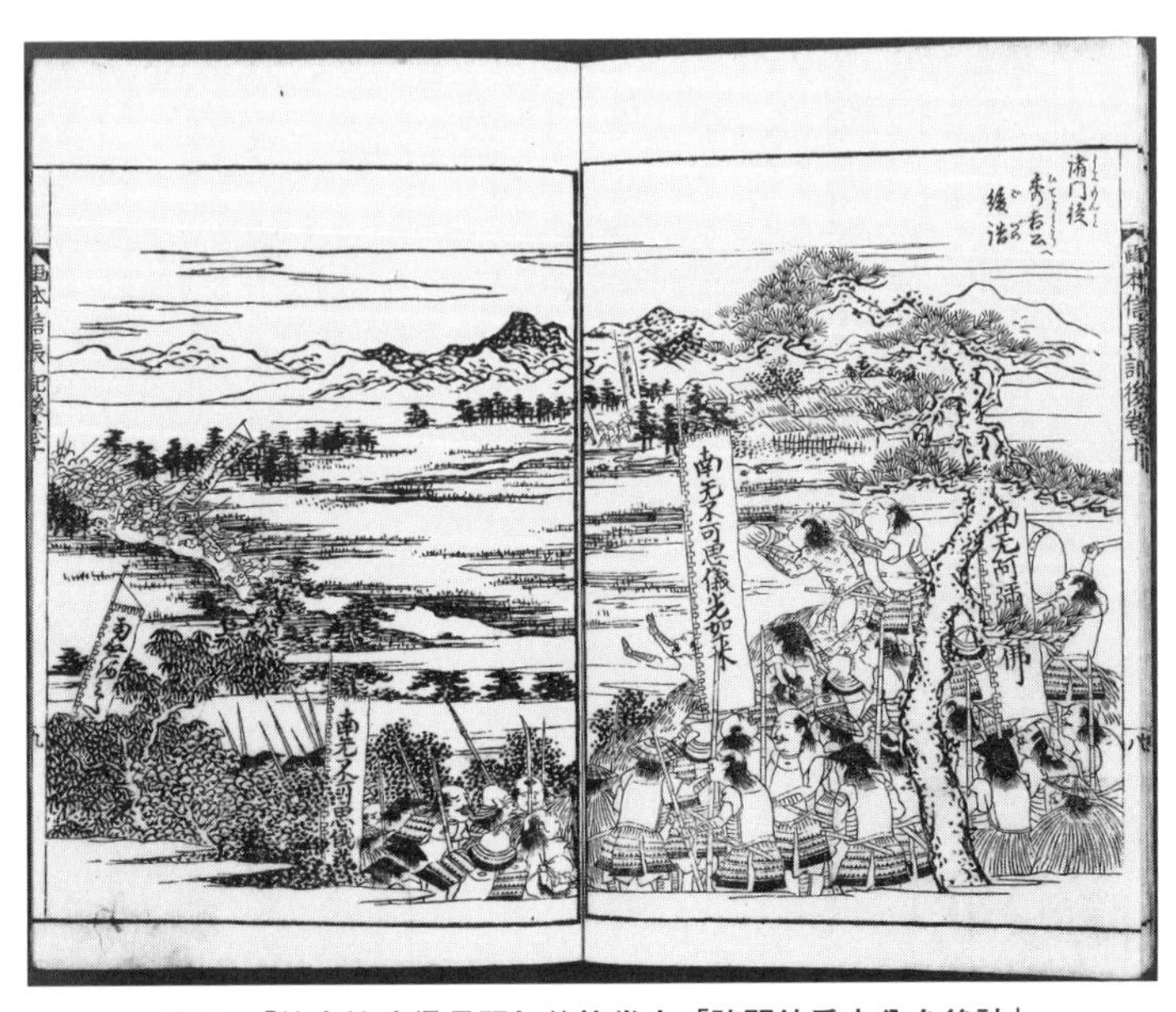

図15　『絵本拾遺信長記』後篇巻十「諸門徒秀吉公を後詰」
（早稲田大学図書館蔵）

如と薩摩獅子島（ししじま）の門徒をだまして秘密の間道を聞き出しておいたため、翌年、島津征伐の勅命が下ると、秀吉は一気に攻め込んで勝利したという。島津領はそれ以後真宗禁制が布かれたというおまけまで付いている。

　現在ではそういう事実はなかったと判明しているが、秀吉の命で教如が九州へ随軍した事実はあった。天明五年（一七八五）成立、寛政四年（一七九二）増補の『大谷本願寺通紀』にも、同内容の短い記事がある。本願寺が秀吉の軍事行動に協力させられてしまう物語は、一八世紀のうちに成立していたとおぼしい。

　『絵本拾遺信長記』では、教如のリー

ドによって顕如が自ら秀吉に協力し、天下を取らせた。東山大谷の地が比叡山衆徒に焼かれて一二七年、ついにまた京都に本願寺（西本願寺）が造立され、やがて「公より台命」（家康の命令）があって教如が東本願寺を建てて、「東西羽翼の如く」に栄えるのである。

本書の考える門主の役割は、各地の百姓集団を束ねて、その軍事力を背景に、権力を握った武士に宗門を守らせ、繁栄させることであった。

「一揆」と「衆議」

信長に寺地提供を迫られた顕如は「衆議」のため廻文を発した。摂津・河内・和泉の門徒は鋤・鍬を田中に投げ捨て、「一文不通の尼入道、老たるも幼きも、男も女も嬶も娘も」、丁稚・飯炊・下僕までが本山へ急行した。

> すわ御本寺に事ありて我々をめしよせ、御門主様の御相談なされ度との御事とや。あら勿体なや、冥加なや。有難き御宗旨の御流を汲めばこそ、是非を弁えぬ愚なる土百姓を御門下とおぼしめし、人並にめしよせらるるも、他力本願の御誓い浅からぬ御慈悲ぞや。

「愚なる土百姓」が「御門主様」から相談をもちかけてもらえるのはこの宗派なればこそだ

と、大勢の門徒が感謝しつつ集まった。「講頭の宿老」たちは本山の斎料（食事代）負担を心配し、各村の代表者を残して引き取らせた。機織りなど始めるでないぞと女たちに声を掛け、いつでも呼び出しに応じられる態勢を確認して帰したというのだから念が入っている。

『石山軍鑑』では「家老一同」の「評議」、『信長記拾遺』では「御連枝（門主の一族）・家老の面々」の「御評定」であったところを、本書は「土百姓」や女性を含む門徒の「衆議」とした。

百姓門徒を見せ場で大写しにもしている。信長の本陣を水没させる話でいえば、『石山軍鑑』では百姓は崩し易い箇所を教えるだけで、切り崩すのは武士だったが、本書では百姓が堤の各所に散っていて、鉄砲を合図に一度にどっと切り崩すのである。

長大な『石山軍鑑』にたった二ヶ所、『本願寺表裏問答』に拠る一揆の場面が存在した。作者はこれを要所要所で繰り返し、「竹槍・鋤鍬」を常套句のように頻用して、本願寺門徒ならではの合戦像を創作した。蓑笠を着て竹槍や農具を握り、名号を大書した幟旗を掲げ、太鼓を打ち鳴らしつつ疾駆する挿絵も付いている（図3）。

> 信心の門徒等、百姓町人、老少男女のきらいなく、或は竹槍、或は鋤鍬、思い思いに引さげて、爰に二十人、又彼所より三十人、寄集り寄集り、

一八世紀はじめの『北陸七国志』は本願寺門徒の一揆を強訴イメージで描出し、「逆徒」と言い捨てたが、天明年間（一七八一～八九）には現実に強訴が急増した。一九世紀に入ると軍記に系譜する書物が被治者に向けて出版され、「土百姓」の「一揆」や「衆議」、寄り集って自ら考え、行動する百姓・町人を肯定的に描き始めたのである。

とはいえ、ここに描かれた「一揆」や「衆議」は享和の現実の直接投影ではあり得ない。竹槍が武器として使われなくなって久しく、女性の一揆参加も現実には幕末まで降る。作者はなぜ男女混成で丸腰の一揆にそれほど重きを置いたのだろうか。

東本願寺寛政度造営

本書のストーリーが『石山軍鑑』や『信長記拾遺』と最も異なる点は、秀吉に敗れて姿を消した重幸に第二の活躍の場が与えられたことである。

東本願寺の造立が始まり、無数の門徒が集まって、木曾の山奥から御影堂の梁にする巨材を搬出しようとした。戸隠山麓の隠士に教えられ、木曾川に落として流すため、頭髪を集めて綱を編み、数百人で引くが動かない。隠士が渾身の力で押すと、大木はゆらゆらと三尺ほど押し出され、門徒は「西方阿弥陀如来の化現」が本寺の建立を助けていると感動して、力を合わせて巨材を引き、ついに源流に落とすことができた。この話を聞いた教如が人相を尋ねると重幸に酷似しているので、探し求めたが行方知れずであったという。
彼岸と此岸を往還する生身の如来への信仰は、真宗の地金のようなものである。諸国の門徒の力を引き出して本願寺を守り抜いた軍師が、実は生身の如来であったことを明かして、本書は大団円を迎える。

本願寺の教えでは生身の如来は本願寺住職のみのはずである。本書でも、顕如が戦死者を供養するのを見た門徒たちは、討死していれば「活如来の御門主」に弔われ成仏できたのにと嘆き、次の合戦での討死を誓って、以下のように語っている。

> 此一山に籠るもの、大将・士卒は言も更なり、兵糧炊ぐ婆々までも、死を懼るる者は一人もなし。さしも姦勇の信長も終に本願寺を切崩す事能ざるは、只此一事によって也。

大将から飯炊き婆までが「活如来」による極楽往生を確信し、死を恐れないため、信長は切り崩せなかったのだという。

だが、一介の門徒である重幸も生身の如来なのなら、他にも大勢いるのかもしれない。いや、すべての人が救われるという教えに即して考えれば、彼岸から此岸に還り来て、同朋を助けようと働いている如来が、何千、何万とあるはずである。

『石山軍鑑』の鷺森合戦の場面にも、極楽で弥陀の利剣を得てこの世に戻り、信長を倒そうという台詞があった。聖なる本願寺住職と、彼に向かい合掌する卑小な門徒たちという、信仰する者とされる者の二元的な関係が構築されているかに見えながら、すべての人が生身の如来となり、また還って来るという古来の信仰も、深奥で生き続けている。

「すべての人が救われる」とは単なる観念ではない。本願寺の阿弥陀如来に対し、あらんかぎりの力を振り絞って信仰を捧げる者は、誰もみな如来になれるし、この世に戻って人を救うこともできるのである。

ところで、現実の東本願寺教団史は、寛政度・文政度・安政度・明治度とたび重なる両堂焼失と造営の歴史であった。東本願寺には今も明治度造営時に奉納されたという毛綱（けづな）が展示され、門前には砺波詰所（つめしょ）・伊香詰所など、労働奉仕のために上洛した門徒の宿泊所が立ち並んでいる。砺波詰所では毎朝四時に全員で朝の勤行を行い、さらに東本願寺の勤行に参詣して、詰所に戻り朝食をとった後に再建現場で働いたという記録もある（図16）。

天明大火による寛政度造営でも、全国の僧俗が詰所に寝泊まりして工事に当たった。遷座式（せんざしき）は『絵本拾遺信長記』刊行の五年前であった。

百姓・町人の力量を見せつけられた読本作者は、百姓・町人の立場からその戦いを描くことができた。「一揆」「衆議」「生身の如来信仰」と並べると中世的特質と捉えられかねないが、

図16　現在の富山県詰所

作者は東本願寺再建から汲み取った真宗の理想像を描いたのであって、戦国時代の史実を記す新出史料を手に入れたわけではない。

唱導者が法座で本願寺門徒の戦いを語り始めたころは、百姓蔑視の軍記の抜き書きに、宗門書から百姓門徒の物語を拾い上げて付加するのがせいぜいだったが、百年後の読本作者は治者目線の軍記や実録を逆なでに読んで、再構成する方法を採ることができた。読書の習慣が被治者にまで拡がり、本屋や作者を育てていたのである。

その結果、『絵本拾遺信長記』は約二百年の年月をひといきに飛び越え、武士と百姓集団の死闘を描く『越州軍記』や『信長公記』と通じるところを持つようになった。満足な武器も持たず、圧倒的な人数や熱意、土地に根ざした知恵・行動力をたのみに、侵入して来る武士たちに迫る。そういういくつもの集団が、本願寺を領袖として結集する。これを武士の側から見れば『越州軍記』等の恐怖感となるだろう。

『絵本拾遺信長記』の作者は『越州軍記』や『信長公記』の存在さえ知らなかったであろう。しかし、本屋から執筆資料として提供された『織田軍記』には、引用関係の積み重ねによってそれらの文章が引き継がれており、作者が一揆の時代の一揆イメージを受け取ることにつながった。

歴史を描くとは、作者自身の立場や経験、執筆目的を完全に振り切ることではない。一揆との戦いが日常であった時代の『越州軍記』や『信長公記』の作者。儒学に基づく信長像を後代に伝えようとした『甫庵信長記』の作者。島原天草一揆で一揆の力を思い知らされた『新撰信長記』の作者。盟友の西本願寺を擁護したい『陰徳太平記』の作者。東本願寺寛政度造営で無名・無数の門徒の自主の力を知った『絵本拾遺信長記』の作者。皆それぞれの立場や経験や執筆目的の枠のなかで、筆を振るってきたのである。

加賀の奉納絵馬――一揆の地で花開く禁書

加賀中部から南部にある六つの神社に、「石山軍記」の絵馬が奉納されている。

	所在地		制作年	形態
A	野々市市本町	布市神社	安政二年（一八五五）	二面一対
B	能美市吉原町	熊田神社	安政四年（一八五七）	二面一対
C	白山市倉部町	八幡神社	明治九年（一八七六）	二面一対

D	加賀市柴山町　柴山神社	不詳	二面一対
E	野々市市二日市町　荒川神社	不詳（江戸時代末期カ）	一枚物
F	小松市浜佐美町　八幡神社	不要（明治時代カ）	一枚物

（Dは加賀市教育委員会『加賀市絵馬調査報告書』１９８５年による。元石川県立歴史博物館学芸主幹　戸潤幹夫氏作成）

Bには「安政四年丁巳八月吉日／石山軍記」、Cには「奉納　石山大合戦　明治九年子九月吉日　金沢広坂通　津田栄寿　六十歳」と書き込まれている。A～CとEは絵相や札銘がほぼ共通していて同一の絵馬から発したと思われ、Fは別系統である（Dは写真未見）。

Cには少年が僧に背負われた場面があり、「豊道孔師に救はるる」という文字が記されている。Eは剝落が進んでいるが、「豊□孔子す□わ□□」（□は判読不能）も同じ場面を描いたのであろう（図17）。

「孔師」は儒学の祖の孔子ではない。『絵本拾遺信長記』前編巻一二に「異僧孝子（親孝行な子供）を救ふ」という挿絵がある。絵馬はその絵に拠っているのに、「孝子」を「孔師」と誤ったのである。

『絵本拾遺信長記』は幕府の規制をすり抜けるため、事実の記録である（はずの）『石山軍鑑』の登場人物に浄瑠璃や歌舞伎のような変名を与えていた。織田信長を「小田信長」、前田利家

図17－1 『絵本拾遺信長記』前篇巻十二「異僧孝子を救ふ」
（早稲田大学図書館蔵）

図17－2 絵馬「石山大合戦」右額（部分）
（白山市倉部八幡神社蔵、戸澗幹夫氏撮影）

を「摩恵多年家」などとしたほか、鈴木飛騨守重幸や、鈴木孫市の息子の豊若といった架空の人物にまで「鈴木源左衛門尉重幸」「豊人」といった変名を付している。この「豊人」が絵馬では「豊道（とよんど？）」となった。

「孝子」を「孔師」と誤るからには、もともとの資料に仮名書きで「かうし」か「こうし」とあったはずである。画工は『絵本拾遺信長記』の挿絵を見ながら描いたのではなく、先行する絵馬（もしくは掛幅）に拠っていたらしい。他の場面も明らかに『絵本拾遺信長記』に基づいているが、『絵本拾遺信長記』そのものではない。

『絵本拾遺信長記』は絶板・回収処分を受け、一ヶ月ほどしか市中に出回らなかったはずである。それにもかかわらず、安政二年以前に加賀に入った本があり、これらの絵馬のもとになる絵が描かれていた。なぜそんなことになったのか。

国文学研究資料館の「古典籍総合目録データベース」には『絵本拾遺信長記』に三〇部もの登録がある。回収し損なった本がかなりあったのである。ただ、全冊の揃っているものはごく少ない。絵本読本のような大部の書物は貸本屋から一冊ずつ借りて読むのが普通であった。貸本はまま返却されず、端本としての現存が多くなる。

江戸や大坂の貸本屋に買われていた本が市中に残り、やがて周辺部の貸本屋へ売られ、さらに地方の町場や温泉場の貸本屋へと流れた。加賀には金沢・大聖寺・小松といった城下町や山代温泉・山中温泉などがある。

『信長公記』の「新門跡大坂退出の次第」は加賀の城造りの門徒が大坂坊舎を建てたことを、『越州軍記』は越前の一揆が加賀の門徒集団との関りのなかで蜂起したことを記録している。だが、江戸末期から明治の加賀門徒は、絵本読本を絵馬に作って神社に奉納した。現代人は軽々に在地の伝承、在地の記憶と言うべきではない。

村中が真宗門徒という地域でも、先祖の営為を三百年間語り伝えるのは困難である。寺院の由緒書に誰某が何々の合戦で討死したという記事を見ることはあるが、当該寺院の関係者がその記事の存在を知らないことも多く、まして、それら個々の経験を綴り合わせて石山合戦史として通観したり、討死の意味を問うたりしていることは、まずない。

しかし、幕府の厳禁する一揆蜂起を先祖の偉業と讃えたい思いがあったからこそ、絵馬に鈴木重幸や孫市の勇姿だけでなく、群集する蓑笠の百姓を何場面も描いたはずである。『絵本拾遺信長記』が加賀にまで流れていったのは、百姓門徒の思いを汲み取った作であったからだろう。東本願寺講師の恵空が内心に蓄えていた、一揆する宗門としての誇りは、恵空一人のものだったわけではなさそうである。

第八章　明治十年代の爆発的流行（1870〜1900年ごろ）

『御文章石山軍記』――歌舞伎が一揆を讃える

東本願寺の明治度造営が釿始を迎えた明治一三年（一八八〇）一〇月、大阪で勝諺蔵作の歌舞伎『御文章石山軍記』が初演され、大入りとなった。外題の角書きに「本年三百回忌に丁度当る」「津村の本願寺にて法絵（法会）執行の客将が事跡」などとあるから、鈴木重幸の三百回忌法要が大阪の西本願寺津村別院で行われていたらしい。

顕如・重幸を演じた初代市川右団次は熱烈な真宗門徒で、西本願寺で自ら施主となり顕如の法会を行った。もっとも、『天理教祖伝』を演じる際には天理教本部へ参詣したというから、話はやや割り引いて聞いた方がよいかもしれない。

そのころ明治政府は時代物歌舞伎を史実どおりに演じさせる方針を打ち出し、右団次は率先してこれに取り組んでいた。『御文章石山軍記』も全体の構成は事実の記録を標榜する『石山軍鑑』に拠り、登場人物名も「顕如」「織田信長」など実名である。

しかし、個々のエピソードは多く『絵本拾遺信長記』に依拠している。明治の歌舞伎作者も短命だったこの書物を入手していたのであった。

『御文章石山軍記』の「御文章（ごぶんしょう）」は御文（西派では御文を御文章と呼ぶ）、「石山軍記」は石山合戦の物語を指す。『石山軍鑑』と『絵本拾遺信長記』に依拠していても、『御文章石山軍記』である。振り返れば絵馬（B熊田神社本）もまた『絵本拾遺信長記』を種本としながら「石山軍記」と題されていた。

「石山軍記」は唱導台本『石山軍記』にかぎらず、織田信長の攻撃から門徒が本願寺を守り抜く物語の総称であった。登場人物やストーリーが違っても、ひとしなみに「石山軍記」で、「右団次の石山軍記を見たよ」「貸本屋で石山軍記（実際の書名は『石山軍鑑』か『信長記拾遺』か『絵本拾遺信長記』）を借りた」などと言っていたのであろう。曾我（そが）兄弟に関する物語は何でも「曾我」と呼び、『外郎売（ういろううり）』や『矢の根』を「曾我狂言」と言うようなものである。

『御文章石山軍記』の序切（じょきり）「石山本願寺評定の場」では、顕如が信長への対応を相談するため近郷の百姓を集め、鬨の声と早鐘が鳴り響くなかで、「大部屋・女形（おんながた）惣出」で「鍬・鋤・天秤棒・六尺棒・畑打棹（はたうちざお）等、好みの得物」を持って集まった。

婆々　これ娘、押し返されて踏み殺されなよ。
お春　私しゃ殺され、早うお如来様の傍へ行きたいわいなア。
親仁　そうじゃそうじゃ、何でもここが御本山への御奉公、何とマア有難い御宗旨じゃないか。
十助　何か御本山に事があるとて村々へお使いを下され、御門主様が御相談なされたいとの事じゃ。
八兵衛　イヤモウ何弁えもないわし等まで、御門下と思し召され、召し寄せらるるも、他力本願の有難さじゃ。

他力本願の教えの前に身分差・性差は存在しない。二幕目でも、石山城内で兵糧を炊ぐ「百姓の嬶」たちが「生如来の顕如様」の戦死者供養に感動し、自分も流れ玉にでも当って死にたいなどと語り合っているが、これも『絵本拾遺信長記』の「門徒等」の言葉を「百姓の嬶」に替えたものである。

この歌舞伎を現代風に言えば、「一向一揆に結集した民衆のエネルギーを讃頌する、新しい石山軍記物の誕生」ということになろう。民衆という言葉はもちろん使われないが、「真宗は民衆のもの。民衆が本願寺を支え、本願寺が民衆を支える」という認識が鮮明に読み取れる。

『絵本拾遺信長記』の路線を推し進めれば、行き着く先はここである。

苦難の両堂造営に乗り出そうという高揚に、これほど合致するテーマがあろうか。娯楽を通じて本願寺史を学んだ一般の門徒が、エピソードの集積の形で歴史を捉えるのでなく、史観を手に入れ、一筋の流れとして俯瞰するようになったのが、この時代であった。

浄瑠璃・パノラマ——本山を守る門徒群像

明治一九年（一八八六）初演の浄瑠璃『弥陀本願三信記』の外題には、角書きに「親鸞聖人／蓮如上人／顕如上人」、左右に「法然上人　三百八十余人の中よりすぐりて送りし月輪天下（殿下）他力念仏広がる婿君／開山親鸞聖人　無実の流罪は四海にとどろくみのりの名号」、「中興開山蓮如上人　大谷山科焼打御難は　門徒の信心定まる一心／顕如上人　霊地の石山信長所望は　法敵たいじと諸国の門徒集まる旗あげ」とある。

都人の親鸞が流罪に処された結果、広く地方にまで真宗の教えが届いた。山科本願寺を焼打されたことで、蓮如は門徒の信心を定めることができた。顕如が石山で法敵退治に立ち上がり、諸国の門徒が集まって旗揚げをした。

流謫や敗戦を苦い記憶とするのではなく、宗門が大きく強く生まれ変わった契機と讃えている。親鸞・蓮如・顕如という三人の祖師たちを阿弥陀如来の再来、死と再生の神話の主人公のように捉える、伝統的な歴史理解である。

だが、これは、『絵本拾遺信長記』の達成がまず演劇界に引き継がれたということでもあった。祖師たちへの賛辞で終わらず、本願寺の歴史を門徒群像として演じようとしている。

東本願寺の明治度造営が成就し、「御真影御遷座三百年記念法会」を迎えた明治三四年（一九〇一）四月一一日、造営工事のため専用線路が引き込まれていた裏手の土地に「仏教感得パノラマ館」が開館し、「顕如上人鷺の森御難　大パノラマ」を公開した。パノラマは円形の建造物の内壁に遠近法を用いた絵を描き、三六〇度の眺望を得たかに錯覚させる一種の見世物である。

慶長の教団創始と明治の「御再建（さいこん）」を二重映しにするごとく祝典が催され、パノラマ館では繁栄を言祝（ことほ）ぐ出し物として、百姓が竹槍や農具で本山を守り抜く「鷺の森御難」を選んだ。「諸国の門徒」が「集まる」ことで本山を危難から救った、困難を乗り越えることで宗門が大きくなったという、高らかな歌声が聞こえるようである。

『絵本石山軍記』——金属活字の威力

幕府の規制がなくなって出版界には軍記が溢れた。教養・教訓と娯楽的要素を両立させた歴史物は、日常生活に役立つハウツー物と並んで人気があった。

「石山軍記」型の物語は書物と演劇の間を往復しつつ、人口に膾炙していった。まず江戸時代から続く大阪の文栄堂前川善兵衛という本屋が、絵本読本『絵本石山軍記』を刊行した（板本）。主たる種本は『絵本拾遺信長記』だが『石山軍鑑』も使っている。

明治一三年（一八八〇）に大阪で初演された『御文章石山軍記』が同一六年九月に東京で再演され、東京の松延堂伊勢屋庄之助は、表紙に大きく右団次の顔を描いた合巻（板本）を刊行した。

ちょうど板本から活字本（金属活字）への移行期にさしかかったころで、この年の八月にはすでに栄泉社「今古実録」シリーズの一として『参考石山軍記』という活字本が刊行されていた。昔ながらの和本の作りで表紙は錦絵風、本文は『石山軍鑑』の忠実な活字化で総ルビが付してある（カバー表）。

栄泉社の「今古実録」は明治前期に大流行した稗史（「正史」に対する民間の歴史書）シリーズの代表株で、明治一五年から一九年にかけて、『太閤真顕記』を増補した『真書太閤記』や、『真田三代記』『水戸黄門仁徳録』など九〇部近くになっている。このシリーズに入ったことで石山合戦譚は本願寺門徒の独占物ではなくなった。

売れるとなれば二番煎じ、三番煎じが出て、一気に二十番煎じぐらいまで突っ走る。最初は東京の鶴声社の『絵本石山軍記』であった。鶴声社は新聞に広告を掲載しては書籍を地方の

「支店」に送り込んだ。「支店」には薬屋や荒物屋の兼業も多く、全国の庶民が身近な店舗から安価な活字本を入手し始めた。

鶴声社の有力商品はボール表紙本（ボール紙表紙の洋装活字本）であった。表紙と口絵は色摺りで本文中にも挿絵の入った、庶民の心をそそる造本である。『絵本石山軍記』の場合、題名と巻頭の口絵は文栄堂の板本、本文と本文中の挿絵は栄泉社の活字本に拠っていて、何も新しく作っていないから、綺麗なわりに安くできたはずである（図18）。

栄泉社版『参考石山軍記』は「楼の岸」という地名を誤ってすべて「桜の岸」とし、「さくら」とルビを付していた。鶴声社版『絵本石山軍記』がこの誤りを踏襲したため、その後の活字本はみな「絵本石山軍記」「桜の岸」になった。駸々堂は鶴声社版の本文・序文と文栄堂板の絵、中村芳松・偉業館・堀楠次郎は駸々堂版、中川勘助・競争屋は鶴声社版に拠ったからである。

大正二年（一九一三）、早稲田大学編輯部編『通俗日本全史』全二〇巻中に栄泉社版の本文が収録された。絵の入らない叢書なので、題名は「絵本」を取って単なる「石山軍記」となっている。

『石山軍記』は『太平記』『太閤記』など錚々たる軍記と肩を並べるに至った。『石山軍鑑』の本文だが、もはやそうは呼ばれない。法座で語られた『石山軍記』の名は石山合戦譚の総称

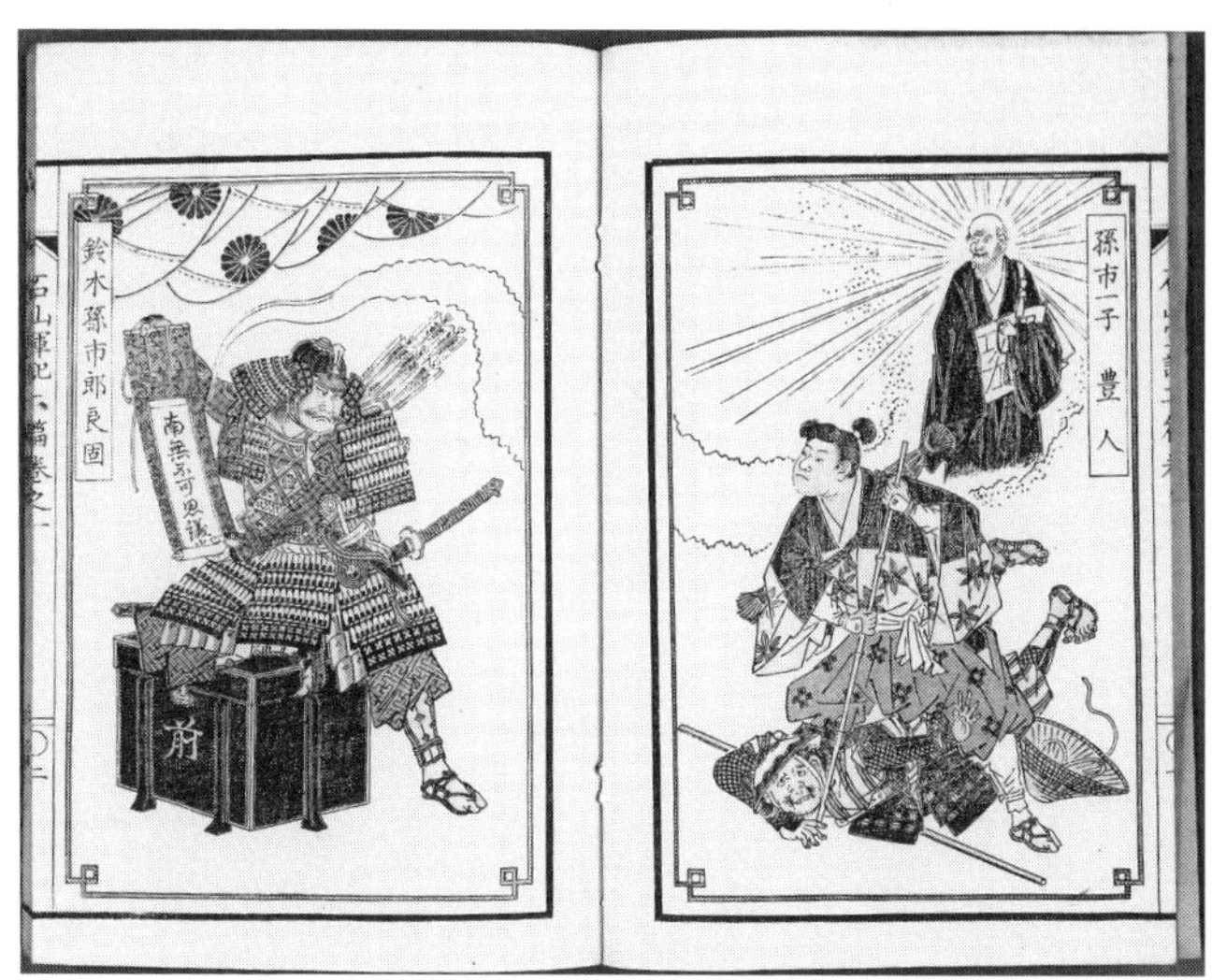

図18－1　文栄堂刊『絵本石山軍記』第二篇巻一　口絵
（早稲田大学図書館蔵）

図18－2　鶴声社刊『絵本石山軍記』口絵（架蔵）

◎明治期「石山軍記物」刊行年表

年次	体裁	書名	著者	出版者
1869 明治2	錦絵(3枚組)	石山本願寺合戦		一根斎よし
1881 明治14	整板本	絵本石山軍記	土屋正義編・松川半山画	文栄堂
1883 明治16	和装活字本	今古実録	参考石山軍記 編輯人不詳	栄泉社
1883 明治16	合巻	御文章石山軍記	梅堂(ばいどう)国政(くにまさ)編・画	松延堂
1884 明治17	ボール表紙本	絵本石山軍記	編輯人不詳	鶴声社
1885 明治18	絵双紙	石山軍記	尾関とよ編	牧金之助
1886 明治19	ボール表紙本	絵本石山軍記		駸々堂
1886 明治19	ボール表紙本	絵本石山軍記		中村芳松
1888 明治21	絵双紙	絵本石山軍記	堤吉兵衛編	堤吉兵衛
1888 明治21	絵双紙	絵本石山軍記	村山銀次郎著	村山銀次郎
1888 明治21	ボール表紙本	絵本石山軍記		偉業館等
1888 明治21	ボール表紙本	絵本石山軍記		中川勘助
1891 明治24	ボール表紙本	絵本石山軍記		競争屋

年	和暦	種別	書名	著者等	出版者
1981	明治24		顕如上人御伝・石山本願寺鷺森旧事記	木村栄吉	田中庄次郎
1981	明治24	施本	石山法乃勲（のりのいさおし）	神代洞通	松田甚左衛門
1981	明治24		石山戦争実記	神代洞通（大内青巒（せいらん）序）	松田善六
1891	明治24		石山靖難（せいなん）記	神代洞通	興教書院
1892	明治25	ボール表紙本	石山軍記実事談		堀楠次郎
1895	明治28	ボール表紙本	石山軍記	岡本仙助編	偉業館
1895	明治28	演劇脚本	御文章石山軍記	勝諺蔵著	中西貞行
1897	明治30	説教本	説教応用石山軍記談録	野田智鏡口述	西村為法館
1898	明治31	講談速記本	門徒仏力石山本願寺合戦	小金井北梅講演	銀花堂
1899	明治32	講談速記本	石山軍記	揚名舎桃李講述・加藤由太郎速記	上田屋
1901	明治34	講談速記本	石山軍記鈴木重幸	旭堂小南陵（きょくどうこなんりょう）講演・宮本松三郎速記	田村煕春堂（きしゅんどう）
1901	明治34	説教本	石山法難記説教	菅瀬徹照述	法文館

*豊岡瑞穂（みずほ）「明治期における〈石山軍記物〉の流行と展開―顕如上人御遠忌との関係を中心に―」（日本文学協会　2014年7月第34回研究発表大会）に塩谷が加筆した。

となり、明治半ばには長編軍記の書名として認知された。

なお、『通俗日本全史』に集められたのは名のある武士たちの物語ばかりで、無名の百姓の群像劇は一つもない。『石山軍記』はごく一部ではあれ百姓たちの戦いを含む、シリーズ中で特異な存在である。

法座の語りと講談

明治中期以降、「石山軍記」は実質的に『石山軍鑑』の本文を意味した。それでは、明治中後期の石山合戦イメージは、本山と武士に関心を集中させた『石山軍鑑』のそれだろうか。あるいは芸能のように百姓門徒の群像劇を重要な要素としたのだろうか。

鶴声社版『絵本石山軍記』の登場人物名は、本文では『石山軍鑑』のまま「鈴木飛騨守重幸」「鈴木孫市」「豊若」だが、口絵に書き込まれているのは『絵本拾遺信長記』と同じ「鈴木源左衛門尉重幸」「豊人」である。

鶴声社版は、『石山軍鑑』そのものである栄泉社版の本文と、『絵本拾遺信長記』に拠る文栄堂板の口絵を合成したため、本文と口絵で人名の不整合が起きたのである。その後の各出版人の『絵本石山軍記』は直接・間接に鶴声社版の影響を受けたため、この現象も共有されている。

『絵本拾遺信長記』は変名を用いることで幕府の規制を逃れようとした。百年後にこんな珍妙な結果を生むとは思いもしなかったであろう。

とはいえ問題は人名ではない。鶴声社版の二〇葉の挿絵は重幸・秀吉・光秀・顕如といった著名人ばかりで、門徒群像は東本願寺建立など二葉にすぎない。『絵本石山軍記』は歌舞伎の成功に端を発し、歌舞伎・浄瑠璃などの視聴覚メディアと隣接するボール表紙本として盛行したのだが、治者の読み物である軍記の性格は遺存されていた。

それでは読者の側はどうだったのか。

このころには唱導台本や講談速記録が読み物として形を整え、総ルビや口絵が付されて刊行された。そうした諸本の中で、まず、明らかに『絵本石山軍記』に拠っている諸本（「楼の岸」を「桜の岸」とする諸本）を見ていこう。

尾張の野田智鏡の語りに拠って明治三〇年（一八九七）に発行された『説教応用石山軍記談録』は、序文で「僅かに烏合の散卒を以て信長の精鋭に当り」、よく防ぎよく戦ったことを讃えると述べている。

次に、安芸の菅瀬徹照の語りに拠って同三四年に発行された『石山法難記説教』は、信長が攻めて来るといううわさを聞き「門葉軍」が各地から駆けつけるさまをこう描写した。

> 各数千本の旗を立て数百本の幟を持ち。正中へべったり南無阿弥陀仏と書し。或いは帰命

尽十方無碍光如来と記し。又は南無不可思議光如来と書いたもある。其脇へ何万何千騎。石山本願寺へ御加勢。何国何郡門徒中。何千何百騎。摂州石山城へ。御手伝い何郡何村信徒中と書認め。昨日も何千何百騎。今日も何万何千騎。其翌日は五万人七万人と。いやはや来るとも集るとも。雲の如く霞の如く。（句点は原文のまま）

郡や村を単位とする何万何千の騎兵・歩兵が、旗や幟を押し立てて集まった。幟の中央に名号を大書し、両脇に「○国○郡○村門徒中、○千騎」「石山本願寺へ御加勢」などと書き添えていたという。

村単位の結集、トレードマークを記した旗や幟というと、幕末・維新期の世直し一揆の姿そのものだが、東本願寺明治度造営の光景とも似ている。「地築図」によれば、音頭を唄いつつ練り込む諸講中の幟には、中央に「本山地築」や「献納本願寺」、下部や両脇には「洛陽即現寺門徒中」「北河津下水田村教福寺尼講中」などと記されていた（図19）。

こうした光景は江戸時代から見られたらしい。文化二年（一八〇五）から文政六年（一八二三）にかけて行われた名古屋御坊（現真宗大谷派名古屋別院）建立の絵にも、身動きできないほど人々が詰めかけた周囲に、「御柱立」「御石築」「○○講中」などと書かれた幟旗が広い境内を取り巻くように立ち並んでいる（高力猿猴庵作『絵本富加美草』）。

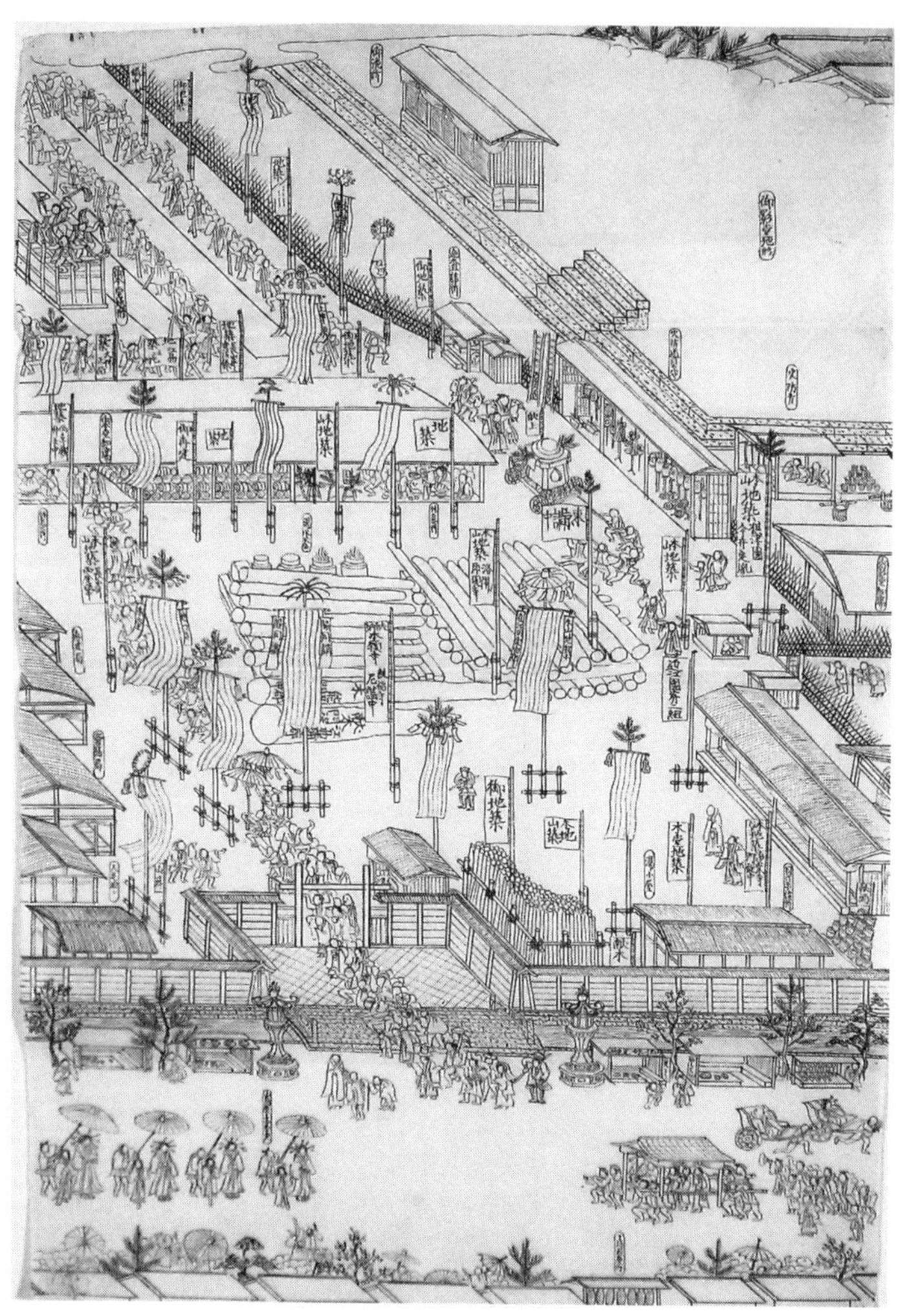

図19 「地築図」（真宗大谷派蔵）

世直し一揆の光景と真宗寺院創建・再建のそれが似ているとは、一揆の祝祭的な性格を示していようが、一揆を実見したことのない唱道者でも、無名の百姓・町人の結集を具体的に想像するのは可能であった。

芸能が書物の読み方を規定する

『絵本石山軍記』に拠ったと言い切れない講談速記録（作中に「楼の岸」「桜の岸」の出ない諸本）はどうかというと、明治三一年（一八九八）発行の『門徒仏力石山本願寺合戦』（小金井北梅の講談の速記録）は「百姓共数百人」が誰言うともなく言い交わして「一揆」を起こし、信長の本陣を焼き立てたとする。

同三二年発行の『石山軍記』（揚名舎桃李の講談の速記録）は巻頭に「石山本願寺大評定の図」を掲げ、壮大な堂宇いっぱいに人々が詰めかけるさまを描いた。門徒による「大評定」であって、本願寺一族や家老のみではない。

『絵本石山軍記』はどう読まれていたのかという問いに戻れば、唱導者や講釈師は、本山と武士ばかりを見る『石山軍鑑』の本文を、百姓重視と理解（誤解）して語っていた。

かつて前田愛は江戸後期の小説の読者を、「歌舞伎・音曲・噺・講談等、民衆演芸の複製・縮刷・再現を紙上に求める読者」と看破した。字の読める一人が本を読み上げ、数人が絵をのぞき込んで音読を聞く。一人で本を読むときも、己の耳に歌舞伎や講談の声を再現させせつつ頁を繰る。

一文不通と黙読との間に、声と文字の共同作業としての読書があったなら、「石山軍記」もそれだったのではなかろうか。芸能を通じて百姓の群像劇としての石山合戦イメージが形成され、書物の読み方を規定する。唱導者や講釈師が『絵本石山軍記』の本文をそのイメージに沿うよう翻訳して語れば、聴き手のイメージはますます百姓重視に傾く。

頭数だけを頼りに竹槍を握って寄り集まる百姓群像は、一揆の時代を生きた『越州軍記』や『信長公記』の作者によって恐怖感とともに記録されていたが、それが広く知られるようになるのは、安売り本屋が派手な色刷り表紙の活字本を鉄道に乗せ、全国津々浦々に送り込んでからのことであった。

第九章　「知識人の大坂」（1780〜1850年ごろ）

聖典『五帖御文』――宗門内知識人の石山合戦・一向一揆像

「庶民の石山」から「知識人の大坂」に目を転じよう。

江戸時代を通じて東西両本願寺派の聖典の第一は八〇通から成る『五帖御文』であった。その第四帖第一五通は「そもそも当国摂州東成郡生玉の庄内、大坂といふ在所は」から始まり、「大坂建立の御文」と呼ばれる。蓮如が「大坂」と呼んだこと、すなわちその聖地の正式名称が「大坂」であることを知らない僧侶などあり得ない。

二百数十通も確認されている御文から、誰が八〇通を選び出したのかわかっていないが、蓮如の次代の実如（蓮如五男）、実如長男の円如など、本願寺中枢が関っていたことは確実とされている。一揆を是認するごとき御文は採録されず、逆に「王法を本」として「守護・地頭」に疎略なく「年貢・所当」を万全に行え、といった文句は何度も出る。

蓮如の孫の顕誓は永禄一〇年（一五六七）ごろに著した『反古裏書』で、三河一揆は蓮如の掟に背くと決めつけ、蓮如一〇男の実悟（じつご）は『天正三年記』に次の物語を載せた。

加賀守護の富樫政親と対立した「百姓衆」が、蓮如に仲介を依頼しようと使者を送った。ところが越前出身で蓮如に近侍していた安芸蓮崇（あきれんそう）は、蓮如の命と偽って政親を討ち取らせた。蓮如は蓮崇を破門したが、二四年後、臨終間近に周囲の反対を押し切って赦免した。弥陀の本願は「悪人を本に」救うことだから、蓮崇を許すのが当流の教えの要（かなめ）だというのである。蓮崇は蓮如に三日後れて往生を遂げたという。

一揆は宗門の掟に反する「悪」である。だが、悪人を許すのが本願寺の教えの肝要というなら、一揆した「百姓衆」も救われることになる。各種蓮如伝は本書から安芸蓮崇の物語を採り入れ、蓮如は加賀一揆に関与していないと声高に主張するとともに、一揆する悪人も救われることをさりげなく教えていた。

『大谷本願寺通紀』――「軍記の武士目線」の指摘

天明五年（一七八五）、西本願寺に専門的な漢文体の史書が誕生した。本山の法務を掌る堂衆（どうしゅ）の玄智（げんち）が「御家旧事の記録御撰集」を命じられ、『大谷本願寺通紀』を完成させたのである。玄智はまもなく失脚し、本書は幕末まで埋もれることになるが、本来は西派の正史になるべき書物であった。

玄智は西本願寺一七世法如に仕えた。「歴世宗主伝」で詳細なのは親鸞と法如、次に蓮如と顕如の記事がほぼ同じ長さでそれに続く。恵空の『叢林集』は顕如について簡便にしか書いていないし、明治以後の通史も親鸞・蓮如ばかりを詳記するが、玄智は分量の上で親鸞・蓮如・顕如を鼎立した。

ただし、親鸞・蓮如期の行為の主体は「宗主」（本願寺住職）だが、顕如期はほぼ「本山」である。親鸞・蓮如への手放しの礼讃とは異なる、微妙な処遇である。

作者は基本的に自身の解釈や善悪正邪の判断を記さなかった。特定の目的のための創作や合成を当然の手段としてきた従来の書物とは、一線を画する書き方である。

たとえば天正二年二月に鷺森別院に宗主の部屋を造った、一二月に親鸞絵伝（親鸞の生涯を描いた掛幅。報恩講で使用される）を下したなどと記しても、「そのころから鷺森を避難先として整備していた」といった解釈は付していない。「殺戮」「戦死」「乞食」等の語の並ぶ、軍記と見紛う文中に、「祖師伝絵を賜う」といういっそ場違いな宗門用語を差し込んだだけである。

軍記が武士の目を持つことと、それによって必然的に生じる本願寺蔑視を指摘した点でも、本書は画期的である。「所拠書目梗概」には『将軍家譜』『朝倉始末記』『明智軍記』『北陸七国志』『石山軍記』といった五〇部を越す資料を列挙していて、『石山軍記』や各種宗門書を別にすれば、林家編纂の史書の所拠書目とほとんど変わらないが、軍記と異なる立場に身を置くことを自覚して書いている。

越前一揆については『将軍家譜』『明智軍記』『朝倉始末記』等々に拠って記すとしながらも、これらは「務めて兵家を揚げ、吾門を貶む」（武門を精一杯顕彰し、本願寺をおとしめる）姿勢での記述なので「読者」が「択」んでほしいとした。

三河一揆についてはごく短く、三河の諸寺が徳川家と戦ったとしか書いていないが、『和漢三才図会』（寺島良安著、正徳二年自序）の「三河記」に拠るとする割注を付して、その顛末を説明した。

家康家臣の菅沼藤十郎が上宮寺に入り込み米穀を奪ったため、寺側が一揆を起こし、菅沼の館に乱入して奪い返したが、菅沼は酒井正親に訴えた。寺側が正親の使者に暴言を吐かれ、やむなくこれを斬ると、正親は家康に訴えた。近在の僧俗が三ヶ寺に立て籠り、渡辺半蔵など譜代の家康家臣も家康と戦った。家康は最終的に徒党の者の罪を許して本領安堵を命じ、寺側は降伏・謝罪して和解した。

『和漢三才図会』の記事はこのようなもので、多分に寺側に同情的である。作者はそれをほぼ同文で写しながら、「一揆」の語と、降伏・謝罪のくだりを切り捨てた。

書物を博捜し、比較検討した作者は、参照したそれぞれの史料が、どういう立場から、何のために著されたのかを意識に上せた。江戸中期の現実の中で本山の正史を執筆する己の立場も意識していた。時系列に沿って出来事だけを並べる形式は、そういう作業のなかから選び採られたのかもしれない。

本願寺は石山にあった

蓮如が「大坂」と呼び、玄智が依拠した各種軍記にも「大坂」とある以上、玄智が「石山」を用いるいわれはない。確かに玄智は「大坂」で書き通したが、例外的に二箇所で「石山」を用いた。一例は信長の急襲を受ける場面である。

> 織田信長兵数万を率い、来たりて本山を攻む。これより先、信長大坂石山の形勝を覧て、城を築かんとする志有り。宗主に寺基を他処に移さんことを請う。（中略）三好氏を討ちて、不意に大坂の備えなきを襲わんと欲す。大坂素よりその謀を察し、檄を諸州に飛ばして急を門下に告ぐ。緇素雲集し、死を決して護衛す。下間三家武略有り。その余も豪傑多し。

信長は「大坂石山」からの移転を顕如に要請して断られ、三好氏を討つと称して「大坂」の不意を襲おうとしたが、「大坂」は檄を飛ばし門下を集めた。僧侶（緇）・俗人（素）が雲集し、

「武略」ある下間家やその他の「豪傑」たちとともに本山を守ったという。この部分は『陰徳太平記』に依拠していて、「大坂石山」も同書のままである。

もう一例は巻一〇「別院縁由」の「大坂津村別院」の項にある。「或いは石山と称し、或いは森と称す」という本文に割注を付して、梵字の記された石が出土したので石山の道場と呼ばれたという「紫雲録」（『紫雲殿由縁記』）の説を紹介している。

全体を「大坂」で書き通しながら、「石山」の地名を気に掛け、その名の由来まで書いてしまう。作者は本願寺の所在地を「大坂の石山」として疑っていないのである。当代随一の碩学の中にも「石山」呼称が深く染みこんでいた。

唱導台本の隠れた影響

作者は顕如伝の主たる資料として、本願寺の味方の立場で記された『陰徳太平記』を採用し、いくつかの記事を『朝倉始末記』等で補った。

だが、同じく玄智の著作である『一巻本浄土真宗教典志』の「石山御寇記　二巻」の解説に以下の文章がある。

> 称して石山軍記と曰う。（中略）案ずるにこれ陰徳太平記第四十七・第五十三・第六十三・

第六十七より撰録し、四処の文を以て一篇と為すか。

「石山御寇記」とも「石山軍記」とも称され、『陰徳太平記』の四つの巻から記事を抜き出して一編にまとめた二巻の書物とは、唱導台本を指すのであろう。

『大谷本願寺通紀』の鷺森合戦の部分に付された長い割注は、『陰徳太平記』と唱導台本という、ほぼ同内容の二部に対する作者の構えを如実に浮かび上がらせた。作者は「香川正矩記」（『陰徳太平記』）に拠って割注を付すと宣言し、「俗伝」で顕如が「祖像と共に自ら焚死」しようとしたとされることに反論したのである。

いわく、雑賀門徒は天正一二年に秀吉と戦った（雑賀一揆の降伏を指す）。彼らはその時点まで健在だったのだから、天正一〇年に本山の自滅を傍観したはずがない。また、仮に本願寺が敗れても、蓮如が山科を焼かれたときと同様に、祖像を搬出したに相違ない。祖像もろともの自焼はあり得ないと。

唱導台本は語りの場を盛り上げるためであろう、死を覚悟した顕如が「御堂に火を掛てやきあげよ」と命じる話を作り、『陰徳太平記』からの抜き書きに付加していた。「生身の御影」を擁する西派としては、この作り話を放っておけない。

作者は『陰徳太平記』と唱導台本という、ほぼ同内容の二部を読み比べたうえで、片や権威ある軍記として中心的資料とし、片や「俗伝」と呼んでその誤りを追及した。問題は、それでも本願寺が「石山」に所在したと疑わなかった点である。

『陰徳太平記』は中国地方の動乱を描く浩瀚（こうかん）な軍記で、本願寺の戦いはそのごく一部にすぎない。本願寺の所在地は「大坂」を基本とし、例外的に「石山」を用いた。唱導台本は信長と「石山」の戦いのみに集中し、もっぱら「石山」を用いて護法の聖戦を言い立てた。作者が脳裏に描いていたのは、唱導台本に拠る「石山」本願寺の戦い、法座で門徒を湧かせているそれではなかったか。

ただ、玄智自身は『陰徳太平記』に基づいたつもりだし、実際に『大谷本願寺通紀』は『陰徳太平記』準拠で、そっくり引用した部分さえ存在する。

著者の立場や目的によって、同じ出来事が異なる形で表現されるのに気付きつつ、玄智もまた本山顕彰のため、依拠する資料を選び抜いたり、そこから不都合な部分を取り去ったりした。そこまでは自覚的な行為であったと思われる。

だが、自身が「俗伝」に強く影響されているとは、作者はたぶん自覚していない。自覚しないまま、戦いの全体像を「石山軍記」型に組み上げ、博捜した各資料をその細部として生かしていたのであった。

『常山紀談』——キリシタンと一向門徒

『石山軍鑑』が成ったころ、湯浅常山（ゆあさじょうざん）は武将の逸話集である『常山紀談（じょうざんきだん）』を編んでいた。武士に要求される能力は武よりも文になっていたが、作者はその反動のように、戦乱の世の名将がいかに戦場で功を上げ、領地の統治に知恵を傾けたかを語り続けた。

本書によれば、柳生宗矩（やぎゅうむねのり）は島原天草一揆の鎮定に板倉重昌が派遣されたと聞き、高位高禄の大名に代えるよう将軍（家光）に説いたという。将軍は「土民ばら」が立て籠もっただけとお考えかもしれないが、「宗門に付きて起くる軍」はたやすいものではない。「凡愚（ぼんぐ）の輩（やから）」が「宗門を深く信じ」、戦死を「身の悦び」とする結果、百人千人の「死を恐れざるの勇士」が生まれる。かの信長も「一向門徒」に勝てず、天子の名を借りてやっと和平に漕ぎ着けた。「三河の一揆」は「近き御家の事」だから申し上げるまでもないだろう。このままでは重昌は討死するというのである。

剣豪の諫言も時すでに遅く、重昌は討死してしまう。信長・家康を苦しめた一揆は、凡愚の百姓・町人を勇士に変身させる恐るべき宗教一揆として捉えられた。

本書のこの部分は、天保一四年（一八四三）、徳川家の正史として編まれた『徳川実紀』に丸取りされた際、「土民ばら」が「土民の一揆」、「三河の一揆」は「三河の一向一揆」に改められた。単なる土民の一揆と、宗門を信じた土民の一揆を画然と区別するために、「一向一揆」

の語が用いられたのである。

『日本外史』――日本の「賊」は本願寺

幕末から明治に読まれた通史といえば、頼山陽の『日本外史』に尽きる。実際には先行する各種軍記を漢文訳して貼り合わせたようなものだが、平氏以来の武家の歴史を描き通した書物は他にない。まず写本で広がり、文政一〇年（一八二七）に松平定信の序文が付され、作者没後の弘化元年（一八四四）には川越藩主松平斉典の命で刊行された。

信長伝では、作者は主として『甫庵信長記』に拠り、織田長清が享保三年（一七一八）に刊行した『織田真紀』を援用した。

『織田真紀』は『信長公記』の忠実な漢文訳だが、「一揆」をいちいち「賊」に書き換えていた。『甫庵信長記』は『信長公記』に「ども」などの蔑称を加えただけだったから、江戸時代前期と中期はこうしたところで歴然たる違いを見せていたのだが、後期の山陽は徹底して「賊」にこだわった。「信長」と、「大坂」に拠る「一向の賊」との戦いである。

『日本外史』は敵方をたいがいは「勝頼」「三成」など固有名詞で呼んだ。「賊」は、主君を討った明智光秀、毛利元就が勅命を得て討伐した陶晴賢、比叡山延暦寺、根来勢（真言宗）、宣教師、葛西・大崎の「土兵」などに若干の使用例があり、頻用は南北朝期の北朝方と、本願寺門徒の一揆に限定されている。

朝敵、主殺し、宗教者や百姓の武力行使・政治介入が「賊」なのである。信長は何よりも「浮屠氏」（僧侶）を憎んだと、作者はいっそ楽しげに記している。神通を得たと称して「愚民」の信仰を集める僧の頭を、信長は自ら刀を取って断ち割り、二つ割りになった死体に向かって、神通力はどうしたと尋ねたという。

本書を耽読した幕末の若者たちが熱狂的に尊皇を叫び、政治体制の転覆に奔走したのは、泉下の作者を驚かせただろうが、名分がないと見なした者を「賊」と言い捨てるわかりやすさは、そうした激しい読みをも招き得たのであろう。

『信長公記』には信長が長島の男女二万人を焼き殺し、その臭いが数里も漂ったという記事があった。『甫庵信長記』はその凄惨な数行を採らなかったが、山陽は『織田真紀』に拠って記述を復活させた。「愚民」を利用する本願寺を「賊」の代表株と見なし、「賊」を処断する信長の剛毅を称賛して止まない。

ところが、話は突然逆転する。

『日本外史』とは別に、山陽は「読石山軍記」という詩を作った（制作時期未詳）。

蹶峡顚江誰抗衡（峡を蹶し江を顚す誰か抗衡せん）

旌旗到処不留行（旌旗到るところ行くを留めず）
何知右府千軍力（何ぞ知らんや右府千軍の力）
難抜南無六字城（抜き難し南無六字の城）

（村上専精『真宗全史』に拠る。『頼山陽全書』では「江」でなく「紅」と読んでいる）

信長（右府）は甲斐（峡）の武田氏や近江の浅井氏を倒した。誰も対抗できず、進軍を止められない。それほどの威力をもってして、なお攻め落とせなかった南無六字の城よ。

作者は本願寺の武勇を存分に称賛した。「抜きがたし南無六字の城」とは豪気なものである。山陽は安芸の竹原で育った。菩提寺は照蓮寺という西派の大坊である。東本願寺講師の大含と親しく、始終往来してともに詩を賦した。知識人通用の「大坂」を用いて史書を執筆したが、『石山軍鑑』も読んでいた。

山陽は時と場合によって信長方・本願寺方のどちらにでも立ち、威勢のいい詩文をものす人であった。詩や文は作者から独立した一箇の作品であって、作者の本音の表出ではないことに、文筆一本で暮らす人は自覚的だったということかもしれない。

ここでは山陽の本音は問わない。『日本外史』の次に知識人の歴史の教科書となったのは、大正七年（一九一八）刊行の徳富蘇峰『近世日本国民史』である。それまでの長きにわたって

『日本外史』が読まれ続けたことは、「一向賊」像の定着に大きく寄与したはずだということのみを指摘しておきたい。

『改正三河後風土記』と『徳川実紀』——幕府の史書と三河一揆

民間の『日本外史』にやや後れて、幕府による史書も続々と形をなした。寛政の改革のころに計画された書物が実を結んだのである。

天保八年（一八三七）の『改正三河後風土記』は幕府の創業史、同一四年の『徳川実紀』は通史である。ともに奥儒者（将軍の侍講）の成島司直らによって編まれ、紅葉山文庫に秘蔵された。

『改正三河後風土記』は『三河物語』以来の表現にしたがい、家康方を「御味方」、寺方を「一揆」と呼んだ。敵の悪を喋々するよりも、罪を宥免する家康の大人物ぶりに筆を割くが、「一向宗」を「国賊」「亡国の基」だから厳禁すべき宗門と言うのも忘れない。

もうひとつ、「石山」呼称の存在も注目される。野田・福島の合戦の場面に「石山本願寺光佐」、宇佐山の戦いの場面に「大坂石山の門徒」が出る。もちろんこれらは例外で、他はすべて「大坂」である。

『徳川実紀』は幕府の正史で、全四八五冊の壮大さを誇る。編纂の総括は大学頭（昌平坂学問所の長官）林述斎、実務を司直が担って、家康から一〇代将軍家治までの各編を、本編と付録（逸話集）に分けてまとめた。

編集方針は「虚実」をかんがみ「正しきを採」るというが、一方で「大事を載て小事ははぶく」が「大政の得失」に関わることは些末でも記載する、「御善行・御嘉言」や「御模範」となることは「付録」に載せるともしている。要するに、大事に見えても大政に影響ないと思われることは載せず、事実か否か疑わしい場合でも必要と思えば載せるのである。

三河の「一揆」は確かに徳川家の「大事」であった。当事者だった「東照宮」（家康）の「御実紀」はもちろん、秀忠・家光の「実紀」でも繰り返し言及されている。

秀忠代には、幕府草創期の功臣が世を去ってその生涯を振り返るたびに、一揆が話題になっている。内藤忠政は「一向門徒一揆」の際にも二心なく軍功を挙げた、本多正重は「一向専修門徒等が蜂起」したときは寺に入ったが、赦免後は武功を挙げ続けたなどという具合である。主君と宗門のどちらをとるか、一人一人の苦しい決断の積み重ねによって幕府が成立したのだと、読者は得心せざるを得ない。

次の家光代には島原天草一揆が起きた。本書は『常山紀談』に拠りつつ、信長が「伊勢の長島」を攻めあぐんだ件を付加したり、「三河の一揆」を「三河の一向一揆」に改めたりして、「宗門を深く信じ」た土民の一揆の脅威を強調した。

図20　顕如・如春尼連坐影像
（西本願寺蔵）

次の話は「東照宮御実紀」の本編でなく付録にあるから、必ずしも史実として収載しているのではない。典拠未詳だが『日本外史』巻二一にほぼ同文で載っている。

本願寺光佐（顕如）の嫡子光寿（教如）は先妻腹、次子光照（准如。正しくは光昭）は後妻腹であった。光佐没後、秀吉は光佐の後妻を寵愛し、本願寺を光照に継がせたので、家康は遺憾に思った。光寿は関ヶ原の合戦の前に関東へ出向いて家康に会い、美濃・近江の門徒に「一揆」を起こさせようと申し出たが、家康は気持ちだけでよいと謝絶した。黒田長政も「一向門徒」を上方で蜂起させるよう勧めたが、家康は、「賊徒」（西軍）を誅するに「法師の力」は借りないと断った。その後、家康は光寿のために東六条に伽藍を建ててやり、「此宗」は「東西両派」に分れることとなったという。

実際には教如と准如は同母兄弟で（図20）、秀吉は彼らの母如春尼を寵愛しておらず、東西両派の分裂は開城時点ですでに動き出していた。少し知識のある読者には事実でないと知れたはずだが、教訓満載の物語には違いない。勇将黒田長政も「一向門徒」を軍事利用する魅力に抗しきれなかったが、家康は道理に従って揺るがず、宗門分裂の策謀まで成し遂げたというのだから。

三河一揆から二百何十年も経っているのに、本願寺は危険な魅力に満ちた一揆の頭目として、幕府の注視を浴び続けていた。

治者の目というもの

『徳川実紀』の「賊」は関ヶ原の西軍に用いられることもあったが、ほとんどは盗賊・海賊、「九戸の賊」（九戸政実）や「草賊」などの一揆、ポルトガルの「蛮賊」、「反賊明智光秀」などへの使用であって、まとまった量が出るのは三河一揆のみである。「賊」の用法において『徳川実紀』と『日本外史』はほぼ重なる。

頼山陽の父の春水は商家に生まれたが学問に秀で、広島藩の儒官に取り立てられた。政治力も抜群で、松平定信を動かして寛政異学の禁を実行させ、林家の家塾の昌平坂学問所を官学にさせている。昌平坂学問所はこの国の最高学府となり、東京大学の源流の一となった。山陽も若き日にここで学んだ。

林述斎は昌平坂学問所を率いていただけでなく、幕政にも参与して多忙を極めたため、『徳川実紀』の編纂は成島司直に委ねられた。定信失脚後も政治方針は継承され、享保・寛政の両改革を理想と仰ぐ天保の改革へと展開した。

『日本外史』と『徳川実紀』は、片や維新の志士たちのバイブルとなり、片や幕府の正史であったが、ともに松平定信や昌平坂学問所と関わる者たちの著作である。武士でもないのに武力を行使した僧侶・百姓や、鉄砲の筒先を主君に向けた者を「賊」と呼び、一般的な「敵」の範疇(はんちゅう)から外すという共通性は、当然のことと言えよう。

治者目線とはこういうものだという見本のようなものである。彼らにとって本願寺は凶賊の牙城以外の何物でもなかった。

「石山」と「一向一揆」

ここで改めて「石山」と「一向一揆」について見ておきたい。

まず、本願寺の所在地としての「石山」は、寛永一九年(一六四二)ごろの『紫雲殿由縁記』に「大坂石山本願寺」として出るが、他に類例がなく、一般的な表現ではなかったと推察される。

幕命によって林羅山・鵞峰父子が編纂した『本朝通鑑』(一六七〇年成立)は、「大坂」を用いながら一ヶ所のみ「石山」とした。天正四年（一五七六）三月、信長と不和になった本願寺が「石山城」を築き、紀伊・越前の門徒を集めて毛利輝元と誼みを通じたというのである。前後の文章は『増補信長記』に拠るが、この部分は同書にはない。

同じく幕命により編纂された『改正三河後風土記』（一八三七年成立）は、野田・福島の合戦の場面で「石山本願寺光佐」、宇佐山の戦いの場面で「大坂石山の門徒」とする。

これら幕命を奉じた書物とは異なるが、遠山信春（小林正甫）の『織田軍記』（一七〇二年刊）と『重編応仁記』（一七一一年刊）も、基本は「大坂」だが例外的に「石山」を用いている。本願寺の所在した「石山」の地を後に「大坂」と言ったというのである。

摂州石山の本願寺は一向宗の総本寺、大富貴の寺なれば、（中略）後に大坂と云いし所は、此石山の事なり。（『織田軍記』）

井上泰至によれば信春には林家との交流が推察されるという。どうやら林家は、本願寺の「石山城」の跡に豊臣「大坂城」が築かれ、その外側に広大な城下町「大坂」が造成されたと考えていたらしい。

以上が『陰徳太平記』刊行以前に知識人が用いた「石山」の稀少例である。これらを第一の石山としよう。

第二の石山は享保二年（一七一七）、『陰徳太平記』の刊行に発した。この書物には、城下町造成で誕生した広大な大坂のなかで本願寺の在った土地をピンポイントで示したいという、「石山」呼称採用の明確な理由があった。これが真宗の唱導の種本となったことで、石山呼称が庶民対象の芸能・文学に広く用いられることになった。

林家に関わる書物群の「石山」を第一の石山、『陰徳太平記』刊行以降の庶民の「石山」を第二の石山とすると、第一の石山は後世にほとんど影響を与えない。第二の石山が「石山」呼称の主流となり、「知識人の大坂」と「庶民の石山」の二項対立を生んでいく。

もうひとつ、「一向一揆」の方は『足利季世記』が初出で、これまた林家の編纂にかかる『武徳大成記』に二例、同じく『本朝通鑑』『徳川実紀』に各一例、および林家と近しい小林正甫の『重編応仁記』、幕臣木村高敦（たかあつ）が『武徳大成記』を用いて編纂したと思われる『武徳（ぶとく）編年集成』、および馬場信意『北陸七国志』に各一例存在する。

総じて言えば、『陰徳太平記』刊行以前の「知識人の石山」の稀少例や、それ自体が稀少である「一向一揆」の語は、徳川幕府の御用学者であった林家の著作や、それと関りを持つ書物に見られる（『北陸七国志』の「一向一揆」一例を除く）。本願寺や一揆に特にナーバスで、強烈な警戒心と拒否感を持つ人々が拾い上げた語なのであった。

第十章　近代の知識人たち（1880～1910年ごろ）

学問の基礎は軍記

寛政元年（一七八九）ごろ、頼山陽の父の春水は江戸に在って、郷里で儒学を学び始めた十歳の息子のために絵入りの『保元物語（ほげんものがたり）』などを買い送った。

儒者の大江資衡（すけひら）が明和三年（一七六六）に著した『間合（まにあわせ）早学問（はやがくもん）』には、まず「仮名書きの軍書」や「通俗三国志」の類を読んで文字を身につけ、その上で『蒙求（もうぎゅう）』や『史記』、四書五経を読むよう薦める一文がある。

越中国射水（いみず）郡葛葉（くずは）村名主（なぬし）で真宗道場を営む名苗（ななえ）氏は、知り合いの僧侶が別の寺院で学んだ際の資料を写させてもらった。この一文はその資料中にも含まれていた。名苗家には今も和漢の軍記が蔵され、唱導台本『石山軍記』と、『石山軍鑑』前篇もある。

同家に伝わる『名苗家所持書籍（しょじゃく）目録』によれば、『石山軍記』は慶応二年（一八六六）に人から借りて写し、『石山軍鑑』は天保七年（一八三六）に「福永」から二朱二百文で購入したという。文化一三年（一八一六）には八百文で『信長記拾遺』を買ったとあるが、現存しない。昌平坂学問所設立に関わるほどの儒者から雪深い山里の名主まで、読書する人々の歴史の常識は軍記によって形成されていた。

しかし、明治一九年（一八八六）、重野安繹が『太平記』の逸話を否定して抹殺博士の異名を取り、同二三年には星野恒が「織田信長の僧徒に対する処置」を書いて『陰徳太平記』や『石山軍記』など軍記の嘘を糾弾した。同二四年には久米邦武が『史学会雑誌』（『史学雑誌』の前身）に「太平記は史学に益なし」を連載している。

この三人は政府の歴史編纂部局で『大日本編年史』を編纂するかたわら、東京帝国大学文科大学国史科で教育にも携わる盟友であった。星野は鷺森合戦を例にとり、非実在の事件だが頼山陽の『日本外史』にも載っていると、あざ笑うがごとき書きぶりを見せている。『日本外史』は各種軍記をそのまま使っているから、軍記が断罪されれば同罪に堕する道理である。星野らはこれまでの歴史の常識を泥濘に踏みつけ、新時代を担うのは西洋式の研究と思い知らせた。

意外に思えるのは、星野が同年の「徳川家康一向一揆の処分」において、『武徳大成記』は「幕府の官撰」ゆえ「記事確実」のはずなのに、三河一揆の際の寺院破却や僧侶追放の事実を記さないと憤っている点である。

確かに『武徳大成記』は家康の寛大さや慈悲深さを強調し、策謀家の一面を隠そうとした。とはいえ、吉川（きっかわ）氏が『陰徳太平記』を刊行して毛利氏を讃え、本願寺門徒が『石山軍記』を語って本願寺を讃えたように、幕府は『武徳大成記』を編んで家康を讃えたのである。官撰だからといって史実どおりにはなるまい。むしろ、官撰に別格の権威を与える星野に、政府の役人の思い込みがあるかもしれないと疑った方がよさそうである。

「一向一揆」の定着

星野の「一向一揆」使用は、記事確実であるはずの官撰史書に便利な用語を見出して、つい使ってしまったというところなのだろうが、『武徳大成記』においても通例である「○○の乱」や「○○の一揆」ではなく、特別な一揆として際立つ「一向一揆」を選んだのは、むしろその主張と逆行していた。

家康やその後継者たちにとって、確かに一向宗の一揆は特別な一揆であった。しかし、星野の主張は、延暦寺や本願寺は信長にとって特別な敵ではなく、毛利や武田と同様の抗敵にすぎなかったというものなのである。

軍記を否定し、宗教勢力の特別性を否定するとは、いかにも新時代の研究であった。仏教伝来以来、寺院・僧侶は社会の上層部と結んで政治的影響力を行使し続け、江戸時代には社会の最下層にまでその力を及ぼした。だが、明治に入って寺檀制度や門跡制度は廃止され、仏教崇敬は庶民にはまだ根強くあるにしても、知識人は離脱が進んでいた。

「一向一揆」の語が大学関係者に広がるのは速かった。国史科を卒業した岡田辰次郎（たつじろう）は、明治三一年（一八九八）発行の尋常（じんじょう）中学校用教科書『新体皇国小史　下』に「群雄割拠と一向一揆・織田信長とその覇業」の項を設け、「一向宗の門徒、近畿・北陸・東海に跋扈（ばっこ）して、殺伐を恣（ほしい）ままに」したと記している。

徳川治世下に林家の用語だった「一向一揆」は、明治には東京帝国大学文科大学の用語になった。

東京の仏教学

史学研究から仏教学研究に目を転じれば、明治から大正の東京帝国大学文科大学（大正八年に東京帝国大学文学部に改称）の仏教学は、真宗の独擅場に近い状況であった。

東派僧侶の南条文雄（なんじょうぶんゆう）は宗門の命を受けてオックスフォード大学に学び、帰国後の明治一八年（一八八五）に梵語（ぼんご）学の最初の嘱託講師となった。大正六年（一九一七）には印度哲学科が創設され、東派僧侶の村上専精が初代教授に就任している。越中出身の安田善次郎（ぜんじろう）の巨額の寄付を村上が大学に仲介したことで、印度哲学が独立した講座になったのである。

他にも井上円了、高楠順次郎、前田慧雲、原坦山（曹洞宗出身だが西派の島地黙雷と交流があった）など、同大学で仏教を講じたのは圧倒的に真宗と関りを持つ者が多い。

江戸時代と異なり、国家から仏教研究の資金を引き出すのは難しくなっていた。明治初頭以来、有能な人材を洋行させてきた東西両本願寺の出番である。巨大教団の危機感と経済力が初期の印度哲学科を支えていた。

教団の危機感は宗門改革運動として展開されており、新しい学問への熱情はそれに連動するものでもあった。京都には旧来の学問所で旧来の聖典研究が続いていたが、東派は明治三四年に京都の真宗大学を巣鴨に移転させ、西派もその翌年に高輪仏教大学を開いた。南条・村上・高楠らはこれら東京設置の新しい大学にも深く関与していた。

もっとも、東京の両大学の命は短い。二百年以上も本山と直結してきた京都の旧学問所ほどに基盤堅固とは言いがたく、高輪仏教大学は明治三七年（一九〇四）、真宗大学は同四五年に、それぞれ京都の旧学問所系研究・教育機関に併合されて、東京から姿を消した。

村上専精『日本仏教史綱』——国家の発展への寄与を語る

明治三一年（一八九八）から翌年にかけて日本仏教史の通史が刊行された。東京帝国大学文科大学講師で東派僧侶の村上専精による『日本仏教史綱』二巻である。

作者は「蓮如上人滅後の真宗、及び石山の戦争幷びに一向一揆」という一章を立て、江戸中期の『大谷本願寺通紀』に拠って記した。『大谷本願寺通紀』は作者玄智の失脚でそのときは板本にならず、幕末になぜか最初の二巻（親鸞〜顕如）だけが出版されていた。『大谷本願寺通紀』が「大坂」とした部分は『日本仏教史綱』も「大坂（大阪）」、例外的に「石山」とした部分は「石山」としている。

それほどに『大谷本願寺通紀』を重用しながら、その行間ににじみ出ていた護法の聖戦イメージは看取しがたくなっている。三河一揆を「参州一向一揆の乱あり」「乱漸く平ぐ」、北陸では「北地更に擾乱し、宗徒暴起して」、長島では「長島の一揆、勢猖獗にして」などと表現している。地方の一揆は平定さるべき「乱」なのである。

作者の自伝である『六十一年　一名赤裸裸』によれば、仏教史を志した次第は次のようであったという。あるとき東京帝国大学の教員控室で国史学の三上参次が言うには、明治八年から全国で史料徴収を行い、山のような史料を集めたが、その三分の二は仏教史の材料である。日本は実に仏教国であった。仏教史を除けば日本歴史は成立しない。そもそもその材料を得ることができないのだからと。村上はこれを聞いて考えた。

我が仏教はかくの如く国家の発展につき相離るべからざる歴史を有するにも係わらず、社会多数の人は之（これ）を知らずに居る。

仏教が「国家の発展」と不即不離の関係にあった事実を世に広めようとして、作者は門外漢ながら歴史的研究に挑んだ。だが、仏教研究には分厚い蓄積があるものの、「歴史的方面」よりの研究は皆無なので、「西洋流の新式研究法」によるしかなかった。

「大谷派本願寺改革当時」を振り返ってこう述べている。

（東本願寺の）改革の主唱者は本山党でないことは言うまでもない、さればとて末寺党というべきものでもなかった、言わば学者党とでもいうべきものであった……。しかし学者党と謂っても、徳川時代の遺物たる旧式の学者党でない、明治時代に泰西より輸入せし新式の教育を受けた学者党である、東京育ちの人にして京都育ちの人でなかった。

宗門の改革に立ち上がったのは「本山党」でも「末寺党」でもなく「学者党」、それも京都の旧学問所で学んだ宗学者ではなく、東京の大学で西洋式の教育を受けた新進の学者たちであったという。

『日本仏教史綱』は確かに本山を盲信しないが、地方末寺の方を向くのでもなかった。各地の「一向一揆」を「乱」と断じる一方で、わずかな紙数に戦国大名の名前を次々に挙げては、本願寺の政治的・軍事的な動きを詰め込んでいる。まさに「国家の発展」に仏教がどう関わってきたのかを作者は探求したのである。

小中学校の教科書――一揆は「わがまま」

国家の発展を目指す書物が本願寺門徒の戦いを暴起と見なすといえば、学校の教科書が好例であろう。

先掲の『新体皇国小史』は中学校用だが、明治二七年（一八九四）四月刊行の小学校郷土史用の教科書『大阪府史談』（鈴木直三郎・橋本光秋著）には「石山本願寺」の項があり、今の大阪城がもとは「一向宗僧徒」の寺院であったと記した。

慈悲を旨とする僧侶にして、兵器をとりて武人と闘争し、清浄を主とする寺院を以て、戦争の場所としたるは、今より観ればいぶかしきに似たれども、足利氏の時代には、天下は乱れに乱れ、（中略）僧徒も此機に乗じて土地を押領するに至れり。

慈悲心を第一とすべき僧侶が武器を取り、清浄であるべき寺院を城郭にするとは、今ではあり得ないことに思えるけれども、弱肉強食のこの時代には僧侶も武力で土地を押領した。根来寺も同じ状況で、だからこそ信長が滅ぼしたのだという。

実はこの二ヶ月前に、萩井重次編『大阪府郷土史談』が別の出版人から刊行されていた。こちらは源義経と梶原景時の逆櫓論争や、楠正成・正行父子の桜井の別れなど、各種軍記から大阪を舞台とする名場面を寄せ集めたような教科書で、「石山本願寺の顕如上人」が「一向宗の門徒を糾合し、鈴木重之を将として」信長に抵抗し、信長が秀吉を派遣して投降させたとしていた。

『大阪府史談』は『大阪府郷土史談』をそっくり利用しており、扱う場面は『大阪府郷土史談』をほぼ踏襲していた。ただし、歌舞伎風の名場面を味読させようというのではない。当時の平民は官吏になれず、武士に無理難題を言われても抵抗できなかった、武士は常に帯刀し、平民を殺傷することもあって、危険きわまりない世であった、というような解説文を学ばせるようにできている。「石山本願寺」の項では「石山軍記」型の物語を「僧侶の押領」論に改変したのである。

『大阪府史談』は巻末の「結論」でも、「石山本願寺には一向宗の僧徒あり、和泉には根来方の僧徒ありて暴威を逞う」していたと念を押した。真宗や真言宗の盛んな土地に生まれた子供たちに寺院勢力の悪を学ばせるのも、この教科書の一目的であった。

小学校の教科書は明治三六年（一九〇三）に国定化された。『国定小学日本歴史』は、信長は「北国を従え、さらに、進みて、四方を定めんとせり」としか記していない。だが、その解説書（教師用指導書）の『国定小学日本歴史問答』では、正親町天皇が信長に「乱を平げて天下を静めよ」と命じ、信長は「まず京都の延暦寺、摂津の石山寺」を討って「僧兵のわがままなるを押え」、その後は越前の朝倉、近江の浅井、甲斐の武田を滅ぼして、西国へは秀吉を派遣して平定させたとしている。

「摂津の石山寺」は「摂津の石山本願寺」の意であろう。大義を奉じた信長の最初の行動は「わがまま」な延暦寺・本願寺の討伐で、その後、武家の討伐にかかったのだという。

僧兵を抱える延暦寺・本願寺は、私利私欲、弱肉強食の乱世の象徴である。天皇から公的な武力と認定された信長がそれらを討ち、平和な世への道筋をつけた。教室で子供たちに教えられたのは、そういう「日本歴史」だったはずである。

最後に、実質的に国定化が及んでいなかった中学用の教科書の一として、辻善之助が明治三九年に編んだ『新編国史教科書上級用』に触れておきたい。

現半田市亀崎の浄顕寺に蔵される阿弥陀如来絵像と思われる写真が掲載されているが、本文は信長が「大阪本願寺を平げ」たというのみ、図版のキャプションにも「一向信徒血判起請文」としか書いていない。

この署名と血判の並ぶ絵像（図21）は、近年の研究により東西分派期に教如派の作った連判状と考えられるようになったが、それ以前には信長との戦いに地方の門徒集団が命を賭けた証拠と捉えられていた。

辻は姫路の篤信の門徒の家庭に生まれ、東京帝国大学文科大学史料編纂掛（史料編纂所の前身）に勤務していた。史料編纂所には現在この写真が蔵されている。本文・キャプションとも

図21　阿弥陀如来絵像（半田市浄顕寺蔵）

に簡明に過ぎ、教員でも写真の意味を理解できたかどうか疑問だが、何の説明も付けないことで載せるという判断もあったのであろう。

中村徳五郎『戦国時代本願寺』――一揆逆賊観

明治三一年（一八九八）、蓮如四百回忌で本願寺教団が大いに盛り上がるなかで、東京帝国大学文科大学の国史科を卒業した中村徳五郎が『戦国時代本願寺』を著した。多数の文書を引用する専門的な論文である。

> 宗教の本旨に違背し、伝道の主意を破りて、而も僧侶を教唆し、信徒を煽動して、兵を弄し、血を流さしむるに至りては（中略）本願寺其責を免るるに所なかるべし。況んや其非を蔽い、其悪を飾らんが為に、巧に主因を信長に帰せんとするも、信長の受動にして、本願寺の自動なるは、殆ど隠蔽すべからざるものあり。

本願寺は「毒烟を百年に及ぼ」した。摂津や三河の「一向宗乱」はその地の信徒の「単独の暴挙」と言えるかもしれないが、「北国乱徒の強盛」や「長島一向宗乱」は明らかに「大坂本願寺」の「煽動」によるもので「宗教の本旨」に背く。被害者は本当は本願寺でなく信長であるという。

治者の目で「乱」に向かえば、乱徒を煽動する「宗教」の力への憎悪が燃え上がる。

ところで、この『戦国時代本願寺』は「三百十九年前、大坂石山に大刹あり。本願寺という」の一文から始まる。本文では常に「大坂」だが、冒頭の一文だけが「大坂石山」なのである。

殖産興業と一向一揆

最後に異色の歴史研究者の一揆像を紹介したい。越後三島郡才津村庄屋（菩提寺は浄土宗）の分家に生まれた田中長嶺である。四〇歳で上京し、農政に尽力していた織田完之の知己を得て、椎茸栽培法や製炭製造法を全国に教え歩いた後、五九歳で完之の故郷である三河に寓居し、寺社の縁起絵巻や掛幅を多く遺した。

明治四二年（一九〇九）には額田郡恵田（現岡崎市）の浄教坊で『釈慶祐伝　付東円山浄教坊由来』という、次のような内容の絵巻を作った。

碧海郡西端の「農」、杉浦四郎右衛門は蓮如に帰依して自刻の蓮如像等を賜わった。六世の慶祐は上宮寺の指揮に従い奔走したが、一揆は鎮定され、慶祐は流浪の身となった。織田信長が「石山本願寺」を攻めると慶祐は駆けつけて数年間籠城し、天正八年に三河に戻った。慶長七年の東本願寺創建にも同志とともに奔走し、同一六年に帰国し道場を復して、同一八年に八十余歳で往生した。天保年間、遠州秋田村の安藤善三郎なる者から、手紙と仏供料百疋（ひき）を添えて蓮如木像が届いた。四代前の安藤善之進が木像を預って信仰してきたが、家内の者の夢に蓮如が現れ、もとの恵田村の寺に送ってくれと言ったとのことであった。思うに、永禄五年に「三州一向一揆」があって、同六年に真宗寺院は破却され、宝物を岩窟に隠したり、遠方に送り難を避けたりしたという。慶祐は遠州に立ち退き、木像を安藤氏に託したのではないか。二〇年後に帰寺復旧を許されたが、慶祐に後嗣がなかったため、木像の所在がわからなくなったのではないか。慶祐の父や祖父の入寂の日が不詳であるのは、流浪していたためではないか。

以上で絵巻の前半部が終わる。真宗寺院の縁起は一般に、親鸞か蓮如が当該寺院の開基僧になる人物を帰依させる場面が中心になるのだが、この絵巻は主人公がこの寺の第六世でまったくの無名人という特殊なものである（図22）。

絵巻後半の主人公は当代住職の杉浦千恵（せんえ）である。北参福田会（ほくさんふくでんかい）を創立して五百人の会員を率い貧民救助に当たったり、小学校に寄付をしたり、日露戦争の傷痍軍人の慰問や出征軍への新聞寄送に取り組んだり、恵田青年会を組織して農事・勧業を研究したりと奔走する姿は、三百年前の慶祐があるときは一揆の徒となり、あるときは石山で甲冑に身をやつし、あるときは東派分立を目指して草鞋（わらじ）を破った姿と重なるという。

図22 『釈慶祐伝　付東円山浄教坊由来』（浄教坊旧蔵、筆者撮影）
長嶺は下書きのこの部分に「一揆蜂起」と書き込んでいる。

作者は『釈慶祐伝』とほぼ同時期に、近隣の岩津順行寺の絵伝も作った。それによれば、親鸞の三河巡錫時に、「代々郷士として武門」である拝郷氏が三男を天台宗順行寺に入れて真宗寺院に改めた。一一世長伝は仏法弘通のかたわら兵法を学び、「石山合戦」では「門徒を督励」し、拝郷彦左衛門尉政義やその弟の彦介政兼らを「引率」して石山に赴いた。彦左衛門尉は軍師鈴木重幸より兼則の短刀を賜り、彦助は討死した。元和八年に本願寺で重幸の年忌法要が執行され、ときの住職である祐教が参列して短刀を霊前に供えて、そのまま本山に献上したという。

鈴木重幸は元和八年（一六二二）より百五十年も後の『石山軍鑑』で誕生したのだが、明治末には三河の寺院縁起に登場するほどの知名度を得ていたわけである。

作者は非力な百姓が頭数だけで信長に対抗したとは考えなかった。甲冑を身につけた浄教坊慶祐や、武門に系譜する順行寺長伝といった、半ば武士として存在する村の寺院の住職が、門徒を督励して本山に結集させ、本山は才ある軍師を招請して全軍の指揮を委ねた。作者はそういう組織化された本願寺門徒のありようを凝視した。

三河では明治四年（一八七一）に大浜騒動が起きていた。維新期に全国で見られた新政反対一揆の一つで、藩の廃合寺政策等に反発する僧侶と農民が集まるうちに、寺院の竹で竹槍を作ったり投石したりして藩吏一名を殺害し、斬罪・絞罪各一名を含めて僧侶三一名、俗人九名が刑に処された。

明治四四年（一九一一）、長嶺はこの事件を描いた『明治辛未殉教絵史』を刊行した。「殉教」とはいえ宗門を擁護して悲憤慷慨するのではない。藩側の資料をも多く用いた客観的な叙述で、「暴徒」「暴民」「騒擾」といった表現もある。

作者は庶民の集団行動に知的関心を抱いていたのだろう。これより前、明治三六年（一九〇四）六月一二日に群馬県碓氷郡役所で講演を行い、次のように語った。

養蚕は大規模経営が難しいという。一人でできることには限りがあるが、人任せにすると失敗が多いからである。だが、山林の事業は「団体事業」こそ最適で、「秩序」さえ立てれば多人数・大仕掛けで行うことができる。椎茸を大量生産して輸出すれば、養蚕と同じく「外国から取ってくる金」が得られる。「国家の富」を造成するため、「一致の方針」のもとに「一団体を以て同一体の付合の元に」行う「団体事業」を打ち立てようではないか。

長年殖産興業に挺身し、在野の歴史研究者となったこの人物は、一揆の精神を抱き続ける百姓門徒と、彼らの結集の核として献身的努力を重ねる地方小寺院の住職の姿を、新時代を開く鍵と見なしていた。

第十一章　「石山合戦」の「常識」化（1910～1920年ごろ）

絵画・口語りから文字へ

識字能力は明治三十年代後半に飛躍的に向上した。二〇歳での無筆の割合は、明治三二年（一八九九）には地方農村部で五割を越えていたが、同四一年には一割を切り、大正九年（一九二〇）には女子も含めてほぼゼロとなったとされる。

明治四四年（一九一一）の親鸞六五〇回忌が、口語りと絵画を中心に展開してきた古い真宗の最後の花であった。その前年に刊行された、真宗大学（現大谷大学）教授佐々木月樵（げっしょう）の『親鸞聖人伝』は「伝紀は事実の記載也」という宣言を掲げている。宗門内の伝記史料よりも「当時の紀伝・日記・古文書」の研究を重視して「客観的」な記述を目指し、親鸞を「直ちに人間已上（いじょう）とな」さないように留意するというのである。

親鸞は生身の如来から一個の人間に変貌した。東本願寺は江戸時代には庶民の熱狂する真宗浄瑠璃の上演を厳禁していたが、今や親鸞の史実を標榜する戯曲の上演に二三世彰如(しょうにょ)が招待され、「学生」「智識階級」が客席をぎっしり埋めた。売店では本屋の法蔵館（江戸時代の東本願寺御用書林(ごようしょりん)の分家）が「宗教芸術に関する新刊書」を販売している。まさに隔世である。

『本願寺誌要』――真宗史のはじまり

東本願寺は親鸞六五〇回忌に際し、教義・歴史・現状をまとめた『本願寺誌要(しよう)』を発行した。著者名は書かれていないが山田文昭(ぶんしょう)の作である。

山田は東京の真宗大学で学び、同大学や真宗専門学校（現同朋大学）で教え、もっぱら宗門内の雑誌に書いた。宗門外では無名だっただろうが、江戸中期の玄智を除けば初めての真宗史研究者というべき人である。

とはいえ、当時の山田は古代浄土教の研究者で、本書以前に真宗史の論文は一本もない。しかも、史料編纂所を擁する国史学と異なり、真宗ではまだ史料蒐集も行っていなかった。山田はやがて東国を経巡り、親鸞旧跡寺院の蔵を開いていくが、この時点で頼れるのは板本の『大谷本願寺通紀』だけである。いきおい『本願寺誌要』には『大谷本願寺通紀』の忠実な和文訳というべき文章が多くなった。

「織田信長の来攻、長島の宗徒起る」の項は以下のようになっている。中国地方侵略を企図する信長は「大阪石山の景勝」を見て、三好攻めに乗じて襲おうとした。「本寺」が檄を諸州に飛ばすと諸国の宗徒が陸続と来集し、「護法の念」に燃えて本寺を守った。「烏合の衆」と侮っていた信長は、浅井・朝倉の出兵もあって、慌てて京都へ戻った。「石山の戦争ここにその端を発く」。

「護法の念」「烏合の衆」「石山の戦争」などの激しい言葉は『大谷本願寺通紀』にはない。本書の門徒像は東本願寺の明治度造営後、最初の親鸞遠忌にふさわしく、愛山護法の熱に満ちている。江戸時代の玄智が行間に秘めたものをすべて発散したかのようである。

玄智は「大坂」が蓮如の用いた正式な呼称であり、史料上の用語でもあることを知りながら、筆が滑ったかのように少数の「石山」を遺した。山田文昭は玄智を承けて「大坂」を基本としたが、玄智と異なり胸を張って「石山」を併行使用した。

活字化された『石山軍鑑』（『絵本石山軍記』）が世に溢れたことで、知識人の「大坂」を庶民の「石山」が浸潤していった。庶民の「石山」とは、非力な百姓が信仰のため命を捨てて信長に頭数の勝負を挑み、本山を守り抜く聖戦物語である。

村上専精『真宗全史』——法難と勢力伸長の関係

大正五年（一九一六）、村上専精が真宗の通史を完成させた。

折りから史学界では親鸞の実在を疑う声が上がっていた（同一〇年に恵信尼文書が発見され、疑念は解消される）。自序には真宗門徒としての焦慮が強くうかがえる。

真宗は大きな「勢力」を有するのに、開祖の実在を疑問視されたり、教義的に仏教ではないと言われたりしている。過去には京都の大谷を比叡山僧に焼き払われ、山科を日蓮党に滅ぼされ、「大阪の石山にありて織田信長の為めに其の地を奪われ」るなど、計八回も本寺の所在を転じ、何万もの宗徒が「殉死」した。それでもなぜか栄え続ける真宗だからこそ、研究の必要があるという。

作者の歴史研究は研究のための研究ではない。護法のため、「勢力」の維持・発展を図るため、さらにはこの国の繁栄のための研究であった。

法難が繁栄を生むという発想は浄瑠璃やパノラマにも見られたが、作者はそういう死と再生の神話のような歴史理解に乗るわけではない。法難から「法主」を守り抜くために門徒が異常な力を発した、それによって他宗と異なる特殊な歴史が作られたと考える。

法主とは仏法のあるじということだから、思えばずいぶんと権威的な呼称である。明治に入って門跡制度が廃止されても、門徒は「ご門主」と呼び続けたが、教団側は法主と呼ぶことも多く、村上もこの語を用いて、特に「法主神聖の観念」を重視した。

親鸞墓所に発した本願寺の「発展の根源」は親鸞影像だが、いつのまにか信仰は「歴世法主」に傾いた。ただ、現在、「如来聖人」を見るが如くに法主を見るのは「地方の善男善女」だけで、都会人や青年は違ってきている。今後の本願寺の盛衰は「法主神聖の観念」が持続できるや否やにかかっていると、作者は切迫感を隠さない。

とはいえ、この時点の東本願寺住職である彰如を、作者自身が神聖視していたようには見えない。自伝には、就任前の光演（こうえん）（彰如）の侍講（じこう）だったころの思い出話があるが、法話の下書きを頼まれたが自分で書くのが練習になると教え、書かせて修正するようにしたなどという、ごく普通の師弟関係が、ごく普通の文章で記されるばかりである。

作者自身の持たない法主信仰を地方在住の善男善女に維持させ、彼らの犠牲的努力によって宗門を繁栄させることに疑問を抱かない。

現代人は、総力戦の果てに天皇が人間宣言を発するに至った、後世のこの国の歴史を知っている。本書は何とも複雑な想いを抱かせる大著である。

「石山本願寺」と「石山合戦」

「石山戦争」の用例は明治二十年代から、菅瀬徹照の『石山法難記説教』や神代洞通（こうじろどうつう）の『絵本石山軍記』ダイジェスト版など、庶民向けの諸作に見られるが、数は少ない。庶民向け以外では、村上専精が『日本仏教史綱』に「石山の戦争」、山田文昭が『本願寺誌要』に「石山戦争」を用いているものの、やはり一例ずつである。

大正五年（一九一六）の『真宗全史』では、村上は「石山合戦」を用いた。日清・日露二つの「戦争」によって「基督教は強国の宗教、仏教は野蛮未開国の宗教」なのではないと証明され、「国家の盛運と共に、又仏教の真価」が明らかになったと喜んでいるところを見ると、「戦争」による国家意識の高まりによって、本願寺と信長の戦いは国家同士の「戦争」ではなく「合戦」であると認識したのではなかろうか。

翌年、三上参次の弟子の中村孝也が『日本近世史』第二巻に、「織田信長と石山本願寺との争いは、石山合戦の名において伝唱せらるる有名なる事件也」と記した。大正前期の国史学界には、一向一揆・石山本願寺・石山合戦と、現代の「石山合戦」用語が出揃っていた。

しかし、村上にとって「石山合戦」は魅力的な研究対象ではなかったらしい。『真宗全史』は詳記する時代・事項とそうでないものをはっきり分けた。「日本仏教全体を大観」する真宗前史を重視したり、本願寺の信仰を親鸞影像への信仰と看破したり、本願寺を男系血脈相承とする伝統的見解を否定したり、江戸時代の宗学や学問所について詳述したり、卓見・新見に溢れる一方で、蓮如誕生から「大阪石山」を退くまでは、『大谷本願寺通紀』のままの簡略な記述で済ませている。

石山の地を強奪しようとする信長の連戦連敗、本能寺の変による鷺森本願寺の起死回生。

「石山軍記」型の枠組みも『大谷本願寺通紀』由来である。

けれども、一揆への処遇は庶民の楽しむ諸作と大違いであった。「戦国時代の本願寺」の章では、第一項から第四項が「北陸の宗徒一揆」「山科本願寺の滅亡」「三河宗徒一揆の概況」「尾張長島の宗徒一揆」、第五項は「大阪石山の合戦」である。第四項までの地方の「宗徒一揆」と、第五項の本山の「石山合戦」とは別扱いなのである。

地方の戦いは「一揆」である。「北陸の一向一揆」は「宗徒の狼藉」で「紛擾（ふんじょう）に紛擾を重ね」、「三河の一向一揆」は「頗（すこぶ）る狂暴の態度」の百姓一揆だが、「寛量なる家康」がすみやかに「鎮定」して「平和の春」を迎える「慶事」となり、「長島一揆」は「猖獗を極」めたが最終的には陥って悲惨な結果となったという。

だが、第五項「石山合戦」では一転して、頼山陽の「抜きがたし南無六字の城」の詩を引用し、その戦いを褒め称えた。「一揆」の語は一度も使わない。

地方門徒の戦いには否定的評価をにおわせながら、本願寺が戦えば擁護する。軍記の一として著された『石山軍鑑』は地方や百姓に目を向けず、本山と武士を注視していた。本書はそれと重なる面を持つが、地方を見ないのではなく、中央に奉仕する地方像を見た。

蓮如伝の解釈では、蓮如の命令と偽って加賀門徒に守護を討たせた安芸蓮崇の「動機」は善とは言い難いが、北陸における「本願寺の勢力」は「一揆騒動の結果」だから、「結果」から見れば悪とは言えない、蓮如が後日蓮崇を赦免したのもそのためかという。

かつて『天正三年記』は悪人を救うのが真宗だから許したと書いた。この書は真宗聖典の一とされているので、作者が読まなかったはずはないが、その解釈を採らず、本願寺の勢力拡大を招いたから許したと考えた。一揆を悪とする認識に変わりはないが、本願寺のためになることなら悪も悪でなくなるとするのである。

江戸時代の『後太平記』や『明智軍記』は、門主を生身の如来と崇める愚民の狂信を本願寺が利用して、一揆という悪を実行させたと糾弾した。村上は本願寺の側に身を置いて、信仰の利用を肯定した。

徳富蘇峰『近世日本国民史』――教権が俗権にひざまづく

もう一つ、「石山軍記」型の枠組みを持ちながら見方の異なる史書を挙げておきたい。

徳富蘇峰（とくとみそほう）は現代ではさほどの著名人ではない。知られている場合も、ジャーナリストにしてオピニオン・リーダー、当初は「平民主義」、やがて「皇室中心主義」を鼓吹（こすい）し、大日本言論報国会の会長として言論界に君臨したが、A級戦犯には指定されなかったといった、好ましからぬイメージが強いのではないか。

しかし、かつてはその『近世日本国民史』こそ知識人の歴史の常識を形成する書物であった。

大正七年（一九一八）の「織田信長　前篇」刊行を皮切りに、戦中戦後の中断を挟んで、昭和二七年（一九五二）に西南戦争を記して完結した、百巻もの大著である。

「明治天皇御宇史」を志しながら信長から書き始める理由について、冒頭の「修史述懐」でこういう意味のことを述べている。明治を知るには徳川時代を知らなくてはならず、徳川の天下は「信長、秀吉、家康の合同事業」である。信長まで遡らなければ明治は描けない。

信長をもってこの国の歴史を二分し、信長以後を現代に直結するものと考えるとき、信長と十年間戦い続けた本願寺もクローズアップされることになる。

作者は『信長公記』を重用すると公言しており、本書中には同書に出自する文章がいくらも指摘できる。『陰徳太平記』や『石山軍鑑』は使っていない。

それなのに、石山の地を一見した信長が、四国・南海・中国・九州に通じる海運と、五畿を控える河川とに囲まれた要害の地を「西国経営の咽吭」と考え、本願寺に移転を要請して謝絶されたのが両者の「葛藤の始まり」だとは、どういうことか。

河川に囲まれ海路に通じた本願寺の繁栄は、確かに『信長公記』が美文で歌い上げている。だが、『信長公記』のどこにも、「信長が石山を一見して西国経営の要地と考え、本願寺に移転を要請して断られたので戦いとなった」と読みとれる文章はない。これはまさしく「石山軍記」型の開戦理由である。

別のところでは、明治・大正に大阪の地が極めて重要な役割を負っていることからも、信長が「近世日本の率先者」だったことがわかるとしている。作者は水運による本願寺の繁栄を描いた『信長公記』を、信長が本願寺の寺地を戦略上の拠点として欲したという「石山軍記」型で解釈し、さらに近代まで見通してしまったのである。

本書の少し前には山路愛山（やまじあいざん）が『徳川家康』を刊行し、信長に関わる部分をやはり『信長公記』に拠って記しながら、信長が「日本の羅馬（ローマ）法王」であった本願寺を滅ぼして、大阪という「天下に比類なき要害」を手中に落としたことを述べていた。

編年体の『信長公記』から本願寺関係の記事を拾い出して並べても読み物にはならない。個々の出来事の間に因果関係をつけて、歴史の筋が通るように語り直そうというとき、「石山軍記」型の物語が作用したのであろう。

西本願寺の玄智は『大谷本願寺通紀』を『陰徳太平記』に拠って記すと明記し、実際に『陰徳太平記』を多く引用していたが、脳裏では唱導台本が作用していた。蘇峰は『信長公記』に拠っていると自覚し、確かに『信長公記』を主たる史料としたのだが、そこから切り取った記事を貼り付ける台紙が「石山軍記」型であった。

それでは『近世日本国民史』は百姓の聖戦を描いているかというと、そうではない。

本願寺の大阪落は、単に本願寺其物の運命の、変化の徴象に止らぬ。此れは日本の歴史に於いて、仏教が武的勢力として、全く跡を絶つに至った最終の幕であった。（中略）南都、北嶺の衆徒も、昔の奈良法師、山法師の面影は、何時しか消え失せて、極めて俗権に従順なる猫となった。（中略）信長によりて、平安朝以来の、教権跋扈の弊風は、一掃せられた。

頼山陽は信長は仏教を憎んだとしか書かなかったが、蘇峰は本願寺や比叡山が「自ら俗権を掌握しようとした」ゆえに信長が憎悪したとまで踏み込んだ。信長が「一向宗一揆」に「特に猛烈なる残忍性を発揮」し、「心底よりの憎悪的対象物として」対したのも、彼らが「俗権を押領したから」だと言い切っている。

三河では家康が「俗権（徳川氏を指す）に頼って」立とうとする浄土宗を取り立て、「自ら俗権を掌握して」立とうとする一向宗を叩き潰した。徳川氏以後の真宗は浄土宗以上に「俗権に追随する」宗風となったという。

作者は信長との戦いでは「一向宗」を用いるが、その前後の時期は「親鸞の真宗」と言い、「徳川氏以後の真宗」と言うのである。

下篇第二章「信長本願寺と葛藤の決著」は、「天正八年八月二日、此の開城とともに、教権は全く剗奪せられ畢った」という印象的な一文で締め括られた。仏教はこの日を境に根底から変質し、「俗権に従順なる猫となった」というのである。

鎌倉時代の親鸞について述べたなかでは、仏教は「為政者」「知識的少数者」の宗教だったが親鸞は「仏教を平民化」したと書いていた。だが、信長との戦いに関して、平民の宗教であることには触れていない。本願寺が毛利と結んだ、武田と通じたといった、政治的な関係に筆を尽すばかりである。作者は平民的仏教が武士の権力に屈した話をしようとして「石山軍記」型を採ったわけではない。

「織田氏時代」の総括に当たる第一六章「信長とその時代」において、作者は信長を、皇室を戴く「中央集権の政治」の実現者として快哉（かいさい）を叫んだ。四面を囲んだ「大国の諸侯」や「神社仏閣」の妨害を、信長はすべて打ち砕いた。

本願寺は武田や毛利と同じく「邪魔する者」の一にすぎない。「石山軍記」型の枠組で記述することと、「石山軍記」型諸本や芸能に熱中する庶民の思いを汲むこととは別である。

第十二章　「石山合戦」という術語

特別な一揆、特別な合戦

昭和になって、同時代の文書や書状に拠る実証的な研究が始まった。長沼賢海(ながぬまけんかい)『日本宗教史の研究』（昭和三年）所収の「蓮如上人と一揆運動」や「安芸門徒と厳島及び石山の戦争」、辻善之助『本願寺論』（同五年）、谷下一夢(たにしたいちむ)『石山合戦』（同九年）所収の「加賀一向一揆の統制組織」「石山合戦と紀伊雑賀勢」等々が矢継ぎ早に発表され、「石山合戦」研究はそれ以前とはまったく異なる段階に達した。

戦後には辻善之助・笠原一男(かさはらかずお)・服部之総(はっとりしそう)・鈴木良一・井上鋭夫(としお)・新行紀一(しんぎょうのりかず)といった人々が多彩な研究活動を繰り広げ、現代まで汗牛充棟(かんぎゅうじゅうとう)というほどの成果が蓄積されている。

これらに関する研究史整理は、井上鋭夫(としお)・峰岸純夫(みねぎしすみお)・金龍静(きんりゅうしずか)・安藤弥(わたる)など何人もが行っているので、ごらんいただきたい。ここでは分厚い専門書を読みこなす専門家よりも、書店に平積みされた一般書を読んで、「ありそう」「わかった」という常識的判断にしたがう一般読者の目を保ちたい。一次史料だけでも執筆できる「論文」でなく、軍記なしでは書けない「通史や概説書」を読む人の目ということである。

近年、一般書として大勢に読まれ、専門的な研究者にも刺激を与えているのが、冒頭でも触れた神田千里『一向一揆と石山合戦』である。

神田は教科書にあるような「一向一揆」像は史実でなく、伝承のなかで成立したと考える。一向一揆という語は同時代には存在しないうえ、真宗でも高田派や三門徒派の蜂起は一向一揆と呼ばれない。逆に一向一揆と呼ばれる集団には門徒以外の者も含まれ、本願寺門徒なのに一揆蜂起しなかった集団もある。親鸞の教義では、本願寺の味方をすれば極楽往生できることにはならない。つまり、一向一揆に宗教的側面はあるけれども、それが本質ではないというのが第一の論点である。

第二の論点として、民衆的側面もまた本質ではないとする。一向一揆は支配階級に抵抗する民衆的性格が色濃く、統一政権の最大の敵対物だったと考えられてきたが、本願寺は江戸時代にも繁栄し続けていて、近世社会の前提に一向一揆の解体を考える必要はない。信長は本願寺を不倶戴天の敵と見なしておらず、長島での大量殺戮も、本願寺一族寺院の願証寺が民衆を守れない領主失格者だとアピールする戦術にすぎないという。

神田が一向一揆・石山合戦の本質と考えるのは、その政治的側面である。加賀・越前・三河などの一向一揆はそれぞれの地域における政治的活動で、石山合戦は畿内の覇権をめぐる政治的争乱・合戦の一であるという。

一向一揆という特別な一揆は存在せず、信長が一向一揆・本願寺を殲滅すべき敵と捉えた事実もないのに、なぜ「一向一揆」「石山合戦」が一般の一揆や合戦と異なる特別なものと考えられてきたのか。その理由は、西本願寺が法難の責任を教如に着せようとして作った『本願寺表裏問答』を発端に、信長が本願寺を滅ぼそうとしていたという史実と異なる物語が生み出され、両本願寺は本山のために命を捨てる門徒像を喜んで、それを広く流布させた。それが『陰徳太平記』『明智軍記』等の軍記に採り入れられ、歴史の常識と化してしまったというのが、「一向一揆と石山合戦」像の成立過程だというのである。

軍記の特別視

だが、見てきたとおり、同時代の軍記作者たちは本願寺門徒の一揆を武士に対抗する百姓の集団的武力行使と解し、僭上(せんしょう)と憎んだり、恐怖を隠してことさらに軽んじたりした。本願寺門徒には歴とした武士もいたのに、百姓の寺、被治者の寺という作者たちの認識は揺らがない。「民衆的側面」の指摘と、それゆえの憎悪は、江戸時代後期の『日本外史』や『徳川実紀』

まで一貫していて、明治以降に及んだ。

治者の立場にある作者たちにとって、武士と戦う百姓は理解の外だから、蜘蛛や蚯蚓、邪法・邪術と言い捨てた。半僧半俗、肉食妻帯、阿弥陀如来やその化身への熱烈で排他的な帰依など、旧来の仏教との懸隔の大きさもさることながら、愚民の狂信と忌避する姿勢は、単に教義的に受け容れがたいだけでなかったことを示唆する。

「宗教的側面」もまた同時代から間断なく指摘され続けてきた。本願寺の阿弥陀如来を信仰する者たちの一揆であることを、軍記は書き落とさなかった。

その一方で、一揆勢に本願寺門徒でない住人が混じっていたことを、軍記は記していない。長島一揆では参加人数の三割が門徒でなかったと考えられているが、軍記にそういう記事はなく、三河一揆に少々言及がある程度である。

江戸時代の百姓の実力行使は村単位での参加が原則で、自分は参加しないという選択肢はなかった。戦国時代にはすでに年貢が村請（むらうけ）（個人でなく村単位で納める）になっていたから、同じことが起きていた可能性もあろうが、おそらく軍記はそういった配慮から書かなかったわけではない。宗教一揆の印象が強すぎて、本願寺門徒でない者の存在に注意が向かなかったのである。

軍記は「民衆的側面」や「宗教的側面」について語っている。『本願寺表裏問答』以前の軍記や、『本願寺表裏問答』以後の作ではあるが影響を受けていない軍記も、その例に漏れない。

軍記は武士が他の武士の土地を切り取り、取り合うさまを描くものである。百姓や宗教に言及するのは異例（特別）中の異例である。百姓集団の恐ろしさ、不気味さを、意図的に軽侮・無視したり、ときには嘲笑や皮肉で彩って正面から扱わないなどの工夫を重ねながら、書き続けてきたことの重さを推し量らねばならない。

それでは、本願寺の信仰を奉じる百姓の一揆であるということが、なぜ一揆一般と異なる「特別」な一揆として記されたのだろうか。

軍記は本願寺門徒を居住地によって区分しない。『越州軍記』『勢州軍記』『三河物語』のような地域限定の軍記や史書は、それぞれ農民、漁業・水運業者、在地武士といった相異なる門徒像を描き出しているから、全国的な視野を持つ『信長公記』『本朝通鑑』『織田軍記』などが各地の門徒集団を異なる性格の集団として別個に扱ってもよさそうだが、そうなっていない。居住地・生業のいかんを問わず、本願寺門徒は本願寺門徒であった。唯一の本寺をいただくことで全国的な大結集を果たし、敗北時に他郷の同朋を頼ることもある。三河一揆の後、坊主衆は遠江や信濃に逃れ、赦免までの一九年間を耐えたのである。

百姓の一揆は頭数の勝負である。「○○村の○○八幡」などに結集した小規模な一揆はもちろん、一国規模の一揆でも、本願寺門徒の一揆と同列にならない。国を超えて信仰を共有し、「志の一致」している本願寺門徒の一揆を、軍記が特別視したゆえんであろう。

同じ真宗でも、各坊主が各々の門徒を抱える越前三門徒のような古い形態では、大結集は不可能である。本書には登場してこなかったが、高田門徒も唯一の本寺をいただいていなかった。本願寺に蓮如が出たのとほぼ同じ時期に、真慧（しんね）が専修寺（せんじゅじ）を唯一の本寺としたが、真慧没後は分裂・抗争が続き、再結集は一七世紀半ばまで降る。

生身の如来信仰がそのままで唯一の本寺をいただくのは困難である。親鸞の教義を同じくするか否かではなく、蓮如が出たか否かが分かれ道であった。

誤読は誤った読み方か

神田説は高校の教科書やそれまでの見方を全面的に塗り替えるものだが、さして驚愕されるほどのこともなく、いつのまにか通説化したように見える。本願寺は一箇の戦国大名として覇権競争に加わり、門徒はそれに動員されただけだったのかというショックがあったようには感じられない。

神田は「あとがき」の冒頭で、かつての研究では一向一揆は人民闘争史のジャンルに属していたと述べている。ショックなしの通説化を生んだのは、現代人が「人民」や「階級闘争」を「ありそう」でないことと見なしているためとも感じられる。

団結して戦う百姓像などマルクス主義者の白昼夢にすぎない、乱世を終わらせ平和を実現してくれるのは信長・家康など傑出した少数者だという思いが底にあるから、教科書と異なる説を見ても、やはりそうかとしか思わないのではなかろうか。

だが、マルクスが生まれてもいない一六世紀末から、軍記は本願寺を百姓の寺として描き続けてきた。

一方の百姓の側は自らの戦いを書き残すすべを持たない。戦いのさなかに当事者として文書や書状を記せないのはもちろん、軍記に相当する物語も作れなかった。戦後百年以上経って「石山軍記」型の諸作品が生み出されたが、それらも誕生の当初から百姓集団の戦いを描いていたのではない。百姓を軽侮する軍記の抜き書きに始まり、明治・大正までの長い時間をかけて、百姓集団の戦いを見出してきたのである。

厳密に言えば、明治中期に大流行した『絵本石山軍記』にしても、内実は架空の軍師の大活躍を描く「軍記」であった（図23）。それを百姓に引きつけて受け取った誤読が、「石山」の語を知っていても使わなかった知識人たちの「正しい」読みに染み込んで、「石山合戦といえば百姓集団の戦い」と考えられるようになったにすぎない。

だが、その誤読は、本当に「誤まった」読み方なのだろうか。軍記が合戦当時から描き続けてきた憎むべき百姓との戦いと、庶民の受け止めた「石山合戦」は、実は同じ出来事を表と裏から見ただけなのではないか。

長期にわたる戦いといっても、武田氏と上杉氏、尼子氏と大内氏の戦いとは異質な、「織田信長という傑出した戦国大名と、本願寺に結集した百姓集団の死闘」という認識は、実は武士と百姓の双方に共有されていたのではないか。

もっとも、「政治的側面」は軍記では主たるテーマにならない。毛利氏が本願寺に兵糧を搬入する話でも、興味の中心は「双方の軍船の配置」や「毛利方の火砲の威力」であって、「毛利輝元が本願寺を守ろうとした政治的理由」ではない。したがって、軍記が政治的側面をあまり描かないからといって、実際にそれが希薄であったことにはならない。

図23　鶴声社刊『絵本石山軍記』口絵「下間按察法橋源頼龍　石山軍師鈴木源左衛門尉重幸」（架蔵）

似たようなことが文書や書状にも言えるはずである。それらが民衆的側面や信仰的側面を描かないのは、そうした史料を遺したのが上級の公家や僧侶、本願寺関係者でも本山や地方の大坊主ばかりだからであろう。彼ら同士で何か契約を結んだ場合は文書が遺るが、彼らと百姓の文書のやりとりは通常では起こらない。

軍記は戦乱のさなかに当事者が記録したのではなく、後世の誰かがある目的のもとに作った編纂物である。軍記を読むことで「何があったか」を知るのは難しい。

だが、「何を考えていたか」を推し量ることはできる。軍記の作者は饒舌で、あることないことを見てきたように語り連ねる性癖があるが、読者を強く意識しているということは、作者の属していた社会の認識が映り込んでいるということでもある。

黙って作者の言い分を聞くだけでは、取り込まれてスポークスマンにされかねないが、軍記を読むこの私が、どこに身を置いて、作者から何を聞き出そうとするか明確に自覚したうえで、こちらから「なぜ」を投げかけていけば、それなりのことがわかるのである。

芸能の地名、教科書の地名

「大坂」と同様に「石山」も史実上の地名と考えられてきた。「石山」呼称の早期の例で見ると、『紫雲殿由縁記』は「石山」を「本願寺のあった大坂の別称」、『織田軍記』は「豊臣大坂城建設以前の古称」、『陰徳太平記』は「広い大坂の中でも特に本願寺の所在地を指していた地名」と解釈している。この三書に影響関係は存在しないから、作者たちがそれぞれ独自にそう解釈したのである。

石山が大坂の古称、もしくは本願寺時代の大坂の別称と考えられていたために、豊臣氏の城や徳川氏の城を石山所在と言わないのであろう。本願寺という百姓の寺への特別視から推せば、この寺があった時代には、武士の城の置かれた「大坂」とは異なる名前で呼ばれていたはずという感覚があってもおかしくない。

一八世紀以降、庶民の間に「石山」呼称が広まったとき、知識人がこれを史実でないと疑う契機も存在しなかった。知識人が「石山」呼称を知っていても使わないのは、「書物には昔から大坂と書いてあるから、自分も大坂で書こう」ということだったと推察される。軍記や史書は読み捨ての娯楽本と違って、百年、二百年と読まれ続けるのを前提に作られ、伝統と秩序を最重視する書物であった。

ところで、近世芸能は往々にして史実と異なる固有名詞を用いる。織田信長を小田春長、羽柴秀吉を真柴久吉とするなどの変名を用いて、幕府の干渉を防いできたのである。

ところが明治政府は逆に、史実どおりの名前を用い、筋立ても荒唐無稽でない歌舞伎を要求した。歌舞伎の約束事を知らない新興の上流階級や外国人にも理解可能で、学校教育の妨げにならない芝居を欲したのである。歌舞伎界はこれに応じて活歴物（かつれきもの）（歴史どおりの芝居）を生み出し、『御文章石山軍記』の登場人物も実名となった。

教科書の名前が芸能の名前を吸収していく時勢のなかで、明治三十年代に極めて珍しい事態が現出した。「石山」という芸能の名前が「大坂（大阪）」という教科書の名前を吸収したのである。大正に入ると中村孝也（こうや）『日本近世史』で「石山合戦」が「有名なる事件」とされたように、「石山」は学問的著作にも堂々と座を占めた。

知識人の著作が「石山」になったからといって、「庶民の石山」路線で歴史が語られたわけではない。江戸時代、「知識人の大坂」は本願寺門徒を凶賊・邪徒とし、「庶民の石山」は信長を悪の権化としたが、村上専精や徳富蘇峰のように、「石山軍記」型の枠組を用いつつ百姓の蜂起を悪と見たり、信長を称えたりすることもできた。物語の型が作者を規定する面は確かにあるが、それ以上に作者がどこから、何を見ようとしているかが重要なのである。

そして、戦いに名称を付けるのは、まさに歴史認識に関わる作業である。同時代用語にこだわるなら、七十余年前の戦争は「大東亜戦争」であり、第二次世界大戦以前に「第一次世界大戦」は存在しなかったはずである。

「石山合戦」は明治半ば以降に一般化した新しい語で、たかだか百年の使用期間しか持たないが、その前史には、「一向一揆」の寺である本願寺の所在地として「石山」の名を見出した林家の人々や、「石山」護持のために命を捨ててきたと誇る本願寺門徒の三百年が存在する。

蜘蛛や蚰蜒と気味悪がられ、恐れられるだけだった百姓集団が、「石山合戦」の一方の当事者として認められるまで、三百年かかったといってもよい。

私たちは治者目線の史料しか存在しないという限界のなかで、歴史を見ようとしている。「石山」を架空の地名として駆逐し、史料どおりの正しい呼称を探し求めるよりも、「大坂」に在った本願寺を「石山」本願寺、その本願寺と信長の戦いを「石山合戦」と呼び慣わしてきた歴史を大切にしたい。歴史教科書では「石山合戦」と呼んだうえで、「石山」は江戸時代にできた呼称であることを教えればよい。

戦国史の主役は大名・武将と相場が決まっているが、信長対本願寺の戦いにおいてのみ、無名の百姓の一揆が一方の主役に躍り出る。統治する側でなく、統治される側を主役とする歴史叙述を、私たちはどうやって獲得してきたのか。その「歴史」を顧みるのも、また歴史を学ぶ者の使命であろう。

使用テキスト・参考文献

【使用テキスト】

『明智軍記』新人物往来社、一九九五年（明智軍記）
『陰徳太平記　正徳二年板本』東洋書院、一九八〇～一九八四年（陰徳太平記）
『絵本石山軍記』鶴声社、一八八四年（石山軍鑑）
『絵本太閤記　上・中・下』有朋堂文庫、有朋堂書店、一九二五～一九二六年（絵本太閤記）
『改正三河後風土記』秋田書店、一九七六～一九七七年（改正三河後風土記）
『歌舞伎台帳集成』第四一巻、勉誠出版、二〇〇三年（帰命曲輪文章）
『群書類従』第二〇輯、群書類従刊行会、一九五二年（細川両家記）
『国史大系』第一一巻、経済雑誌社、一九〇二年（徳川実紀）
『常山紀談　上・下』角川文庫、角川書店、一九六五～一九六六年（常山紀談）
『真宗史料集成』第八巻、同朋舎、一九七四年（大谷本願寺通紀・遺徳法輪集・叢林集〈真本〉）
『真宗全書』第七〇巻、国書刊行会、一九七六年（紫雲殿由縁記）
『信長記　上・下』古典文庫58・59、現代思潮新社、一九八一年（甫庵信長記）
『信長公記』角川文庫、角川書店、一九六九年（信長公記）
『新日本古典文学大系』94、岩波書店、一九九六年（絵本太功記）
『菅専助全集』第六巻、勉誠社、一九九五年（彫刻左小刀）
『続群書類従』第二二輯下、続群書類従完成会、一九五八年（越州軍記）

『大系真宗史料文書記録編』11、法藏館、二〇〇七年（足利季世記・武徳大成記）
『大系真宗史料文書記録編』14、法藏館、二〇一六年（本願寺表裏問答）
『大日本仏教全書』132、名著普及会、一九八一年（本願寺由緒通鑑）
『通俗日本全史』全二〇巻、早稲田大学出版部、一九一二〜一九一四年（後太平記・織田軍記・北陸七国志）
『日本外史　上・中・下』岩波文庫、岩波書店、一九七六〜一九八一年（日本外史）
『日本思想大系』17、岩波書店、一九七二年（朝倉始末記）
『日本思想大系』26、岩波書店、一九七四年（三河物語）
『日本文芸論叢』和泉書院、二〇〇三年（新撰信長記）
『三重県郷土資料叢書』第三九集・第九七集、三重県郷土資料刊行会、一九八四年・一九八七年（勢州軍記）
架蔵板本（叢林集〈板本〉）
国文学研究資料館蔵写本（石山軍記）
諏訪市立図書館蔵板本（信長記拾遺）
内閣文庫蔵写本（増補信長記・本朝通鑑・織田真紀）

【参考文献】

単著
稲岡　勝『明治出版史上の金港堂―社史のない出版社「史」の試み』皓星社、二〇一九年
井上泰至『サムライの書斎―江戸武家文人列伝』ぺりかん社、二〇〇七年
井上泰至『江戸の発禁本―欲望と抑圧の近世』ＫＡＤＯＫＡＷＡ、二〇一三年
井上泰至『近世刊行軍書論』笠間書院、二〇一四年
伊原敏郎『歌舞伎年表　全八巻』岩波書店、一九五六〜一九六三年

後小路薫『勧化本の研究』和泉書院、二〇一〇年
大桑斉『戦国期宗教思想史と蓮如』法藏館、二〇〇六年
大桑斉『本願寺教如教団形成史論』法藏館、二〇二〇年
大谷大学真宗総合研究所編『真宗本廟（東本願寺）造営史―本願を受け継ぐ人びと』真宗大谷派宗務所出版部、二〇一一年
梶原正昭『室町・戦国軍記の展望』和泉書院、一九九九年
金子拓『織田信長という歴史―『信長記』の彼方へ』勉誠出版、二〇〇九年
金子拓編『『信長記』と信長・秀吉の時代』勉誠出版、二〇一二年
河内将芳『秀吉の大仏造立』法藏館、二〇〇八年
河内将芳『戦国仏教と京都―法華宗・日蓮宗を中心に』法藏館、二〇一九年
神田千里『一向一揆と石山合戦』吉川弘文館、二〇〇七年
神田千里『宗教で読む戦国時代』講談社、二〇一〇年
神田千里『顕如―仏法再興の志を励まれ候べく候』ミネルヴァ書房、二〇二〇年
義太夫年表近世篇編纂会編『義太夫年表 近世篇 全5巻別巻2』八木書店、一九七九〜一九九〇年
義太夫年表編纂会編『義太夫年表 明治篇』義太夫年表刊行会、一九五六年
金龍静『一向一揆論』吉川弘文館、二〇〇四年
クラウタウ・オリオン『近代日本思想としての仏教史学』法藏館、二〇一二年
クラウタウ・オリオン編『村上専精と日本近代仏教』法藏館、二〇二一年
国立劇場近代歌舞伎年表編纂室編『近代歌舞伎年表 大阪篇 全九巻』八木書店、一九八六〜一九九五年
国立劇場近代歌舞伎年表編纂室編『近代歌舞伎年表 京都篇 全十巻別巻一』八木書店、一九九五〜二〇〇五年
呉座勇一『一揆の原理』筑摩書房、二〇一五年

沙加戸弘『真宗関係浄瑠璃展開史序説―素材の時代』法藏館、二〇〇八年
鈴木俊幸『近世読者とそのゆくえ―読書と書籍流通の近世・近代』平凡社、二〇一七年
高澤憲治『松平定信』吉川弘文館、二〇一二年
鶴田倉造編『原史料で綴る天草島原の乱』本渡市、一九九四年
長崎県史編纂委員会編『長崎県史　藩政編』吉川弘文館、一九七三年
長沢規矩也・阿部隆一編『日本書目大成　第四巻』汲古書院、一九七九年
長友千代治『近世貸本屋の研究』東京堂出版、一九八二年
長友千代治『江戸時代の書物と読書』東京堂出版、二〇〇一年
長友千代治『江戸庶民の読書と学び』勉誠出版、二〇一七年
長浜市長浜城歴史博物館編『顕如・教如と一向一揆―信長・秀吉・本願寺』長浜市長浜城歴史博物館、二〇一三年
永嶺重敏『〈読書国民〉の誕生―明治30年代の活字メディアと読書文化』日本エディタースクール出版部、二〇〇四年
中村克哉・安井広・浜口隆『〈明治殖産業の民間先駆者〉田中長嶺の研究』風間書房、一九六七年
中村真一郎『頼山陽とその時代』中央公論社、一九七一年
西尾市岩瀬文庫　企画展図録『田中長嶺～知られざる明治殖産興業のパイオニア～』西尾市岩瀬文庫、二〇〇九年
濱田啓介『近世小説・営為と様式に関する私見』京都大学学術出版会、一九九三年
濱田啓介『近世文学・伝達と様式に関する私見』京都大学学術出版会、二〇一〇年
平野仁也『江戸幕府の歴史編纂事業と創業史』清文堂出版、二〇二〇年
福井　保『紅葉山文庫―江戸幕府の参考図書館』郷学社、一九八〇年
藤川玲満『秋里籬島と近世中後期の上方出版界』勉誠出版、二〇一四年

保坂　智『百姓一揆とその作法』吉川弘文館、二〇〇二年
堀新　編『信長公記を読む』吉川弘文館、二〇〇九年
堀新・井上泰至編『信長徹底解読―ここまでわかった本当の姿』文学通信、二〇二〇年
前田　愛『近代読者の成立』有精堂、一九七三年
松沢裕作『重野安繹と久米邦武―「正史」を夢みた歴史家』山川出版社、二〇一二年
万波寿子『近世仏書の文化史―西本願寺教団の出版メディア』法藏館、二〇一八年
安丸良夫『日本の近代化と民衆思想』平凡社、一九九九年
藪田　貫『国訴と百姓一揆の研究』校倉書房、一九九二年
山田文昭『真宗史の研究』法蔵館、一九七四年
山本　卓『舌耕・書本・出版と近世小説』清文堂出版、二〇一〇年
米原正義校注『正徳二年板本陰徳太平記　全六巻』東洋書院、一九八〇～一九八三年
龍谷大学編『龍谷大学三百年史』龍谷大学出版部、一九三九年
ルビンジャー・リチャード『日本人のリテラシー　1600-1900年』柏書房、二〇〇八年

論文
青木　馨「守綱寺・勝鬘寺蔵武士門徒肖像画」『同朋大学仏教文化研究所紀要』二八、二〇〇九年
安藤　弥「一向宗（衆）考」『真宗研究』六四、二〇二〇年
安藤　弥「中世「一向宗（衆）」関係史料」『閲蔵』一五、二〇一九年
安藤　弥「仏光寺「教団」の歴史的形成―戦国・織豊期～近世初期」大遠忌記念出版『佛光寺の歴史と文化』編集委員会編『佛光寺の歴史と文化』、真宗佛光寺派宗務所、二〇一一年
今尾哲也「明治の歌舞伎」『岩波講座歌舞伎・文楽3　歌舞伎の歴史Ⅱ』岩波書店、一九九七年
後小路薫「唱導から芸能へ―石山合戦譚の変遷」『国語と国文学』六二―一一、一九八五年

大桑　斉「解説　石山合戦編年史料をめぐる諸問題」『大系真宗史料　文書記録編12石山合戦』法藏館、二〇二〇年

大澤研一「「石山」呼称の再検討―豊臣大坂城評価の観点から」『ヒストリア』二五四、二〇一六年

大橋正叔「写本から版本へ―『江戸時代初期出版年表［天正十九年～明暦四年］』に学ぶこと―」『中世文学』五七、二〇一二年

川端泰幸「教如と織豊武士団」『真宗研究』六〇、二〇一六年

神田千里「『越州軍記』にみる越前一向一揆」『東洋大学文学部紀要　史学科篇』四四、二〇一八年

金龍　静「蓮如の生涯と本願寺教団」『朝日カラームック　親鸞と蓮如』朝日新聞社、一九九二年

首藤善樹「本文篇歴史の部（後篇）」平松令三編『高田本山の法義と歴史』同朋舎出版、一九九一年

芹口真結子「宗派間対立における政治交渉―宗名論争を事例に」『人民の歴史学』二二二、二〇一九年

高木　元「十九世紀の草双紙―明治期の草双紙をめぐって」『文学』第10巻第6号、二〇〇九年

豊岡瑞穂「明治期における石山軍記物演劇の流行と展開―歌舞伎「御文章石山軍記」を中心に」『国文学論叢』六一号、二〇一六年

兵藤裕己・呉座勇一「対談　歴史と物語の交点―『太平記』の射程」『アナホリッシュ国文学』八、二〇一九年

兵藤裕己「平家物語と太平記、その多義性と成立問題」『中世文学』六五、二〇二〇年

藤川玲満「『信長記拾遺』から『絵本拾遺信長記』へ―実録・軍書の読本化」『国文』一二五、二〇一六年

藤川玲満「享和・文化期の読本と歴史素材」西日本近世小説研究会編『享和・文化初期読本の基礎的研究』二〇二〇年

藤沢　毅「近世中期成立通俗軍書写本群の相互関係―立耳軒作品と『太閤真顕記』『真田三代記』」『鯉城往来』二、一九九九年

藤沢　毅「光秀の喜怒骨、重幸の剣難相―立耳軒作『石山軍鑑』における枠組」『鯉城往来』一二、二〇一

○年
歩弥　紡「近世の本願寺史家としての慶証寺玄智」『本願寺史料研究所報』五一、二〇一六年
星野　恒「織田信長の僧徒に対する処置」『史学会論叢』三、一八九〇年
星野　恒「徳川家康一向一揆の処分」『史学会論叢』九、一八九〇年
松金直美「近世後期真宗道場における文化受容―越中国射水郡葛葉村名苗家蔵書を素材として」澤博勝・高埜利彦編『近世の宗教と社会3　民衆の〈知〉と宗教』吉川弘文館、二〇〇八年
松崎　仁「寛政期の浄瑠璃復興」『岩波講座歌舞伎・文楽9　黄金時代の浄瑠璃とその後』岩波書店、一九九八年
三ッ村健吉「勢州軍記周辺考」『三重県郷土資料叢書　第97集　勢州軍記　下巻』三重県郷土資料刊行会、一九八七年
宮澤照恵「石山合戦譚の成長―勧化本『信長軍記』をめぐって」『北星学園大学文学部北星論集』三〇、一九九三年
柳沢昌紀「「仮名草子」の書き手と読み手」島薗進他編『シリーズ日本人と宗教　近世から近代へ5―書物・メディアと社会』春秋社、二〇一五年
山本　洋「『陰徳太平記』の成立事情と吉川家の家格宣伝活動」『山口県地方史研究』九三、二〇〇五年

あとがき

四十年間、公立高校で国語を教えてきた。卒業生が東大に進学していくトップ校にも、小学校三年生用の漢字練習帳を使う定時制高校にも勤めた。

初任校で先輩に「学力格差は所得の格差」と教えられたが、この差は年々拡大し、かつ固定化した。同一地域の住人でありながら、住んでいるマンション・アパートも、買物する店も、保護者の職場・職種も重ならないので、全日制と定時制の生徒は、お互いの姿が見えているようで見えていないらしい。ある同僚は「同じ校舎を使っているのに、まるで透明人間だ」と評した。

真宗は普通の人のための仏教である。悪人女人が悪人女人のまま極楽往生するという教義自体がそうだし、門徒が日常的に集まって励ましあったり、絵画・物語などの視聴覚教材が豊富だったり、働きながら生涯教育を受ける学習システムが整備されてもいる。

だが、仏教は本来、異国から日本にもたらされ、社会の上層部が鎮護国家の具として享受してきたものである。普通の人たちが仏教を己のもとに手繰り寄せ、集団で学び始めたとき、従来の仏教の享受者たちがそれはよいことだと喜ぶだろうか。あんなものは仏教ではない、蜘蛛や蚯蚓の狂信だ（『越州軍記』）、凶賊だ邪教だ（江戸幕府の正史）と唾棄する方がむしろ自然ではなかろうか。

歴史史料は一般に文字で書かれているから、現代人が「石山合戦」や「一向一揆」のことを知ろうとすると、真宗に悪感情を抱く人々の記した史料を中心に考察せざるを得ない。本願寺や地方大坊の僧侶の書いた史料はまだしも残っているが、竹槍を握る一揆の徒の史料となると、見出すのは難しいからである。

喧嘩した二人の高校生に事情を訊こうとするとき、片方の主張だけ聞いてわかった気になったら、よいことはない。しかし、「石山合戦」や「一向一揆」では、片方がむやみにしゃべる一方で、片方はだんまりを決め込む。

「史料に書いてないからわかりません」、あるいは「史料にはやつらのしでかした悪事しか書いてありません」で片付けることなく、かといって「やつらの代わりに俺がしゃべってやろう」と創作してしまうのでもなく、あくまでも現存史料に拠りながら、しゃべれない片方に迫る手立てではないか。

物語を史料として用いるという手法を、寺院由緒や親鸞伝で試みたことがある。物語は同時代の当事者による記録ではなく、後世に成った嘘話だから、個々の出来事を明らかにするには不向きだが、わざわざ嘘をついてまで書き残そうとした、作者や読者の考え方・感じ方を知ることはできる。戦国軍記・近世軍記と呼ばれる物語群を使ってみない手はない。

実際には、制作目的が明確で、開基僧や親鸞の役割も決まっている寺院由緒や親鸞伝と異なり、予想以上に困難な道のりとなった。正統的な歴史学では透明人間になりかねない人々を視野から外すまいと、じたばたしただけにも思える。方法論的にあまりに未熟なのは自覚しているが、とりあえず世に出してご批判を頂戴し、それをもとに再スタートしたいと願っている。

最後に、大切な史料の拝見・撮影・掲載を許可してくださった寺院や研究機関、そして、素人研究者の私が全幅の信頼を寄せる法藏館編集部の上山靖子さんに、心から御礼申し上げます。

二〇二一年一〇月

塩谷　菊美

塩谷　菊美（えんや　きくみ）

1957年、神奈川県に生まれる。1979年、早稲田大学第一文学部日本文学科卒業、神奈川県立高校教育職（国語科）、1997年、和光大学人文学部文学科専攻科修了、2003年、早稲田大学にて学位取得　博士（文学）、現在、神奈川県立高校非常勤講師・同朋大学仏教文化研究所客員所員。

編著：『真宗寺院由緒と親鸞伝』『語られた親鸞』『大系真宗史料　伝記編１　親鸞伝』『大系真宗史料　伝記編２　御伝鈔注釈』『大系真宗史料　伝記編３近世親鸞伝』（共著）ほか。

石山合戦を読み直す
――軍記で読み解く日本史

二〇二一年一二月一〇日　初版第一刷発行

著　者　塩谷菊美

発行者　西村明高

発行所　株式会社　法藏館
京都市下京区正面通烏丸東入
郵便番号　六〇〇‐八一五三
電話　〇七五‐三四三‐〇〇三〇（編集）
〇七五‐三四三‐五六五六（営業）

装幀　山崎登

印刷・製本　中村印刷株式会社

ISBN 978-4-8318-6268-6 C1021

語られた親鸞	塩谷菊美著	三、〇〇〇円
語られた教祖　近世・近現代の信仰史	幡鎌一弘編	五、〇〇〇円
信長が見た戦国京都　城塞に囲まれた異貌の都	河内将芳著	九〇〇円
秀吉の大仏造立	河内将芳著	二、〇〇〇円
日本仏教の近世	大桑　斉著	一、八〇〇円
教如　東本願寺への道	大桑　斉著	二、四〇〇円
西遊詩巻　頼山陽の九州漫遊	谷口　匡著	二、五〇〇円
近世仏書の文化史　西本願寺教団の出版メディア	万波寿子著	七、五〇〇円
真宗寺院由緒書と親鸞伝	塩谷菊美著	七、六〇〇円

法藏館　　価格は税別